JOURNAL

DE

NICOLAS PARISOT

Curé de Dinteville

(1709-1741)

PUBLIÉ ET ANNOTÉ

PAR

ARTHUR DAGUIN

Officier d'Académie

Membre de plusieurs Académies et Sociétés Savantes
Françaises et Étrangères

ARCIS-SUR-AUBE

LÉON FRÉMONT, IMPRIMEUR-ÉDITEUR

de la Revue de Champagne et de Brie

Place de la Halle

1883

LES ANCIENS REGISTRES

DE L'ÉTAT-CIVIL

Extrait de la *Revue de Champagne et de Brie* 1883

———

Tiré à 50 Exemplaires

REGISTRES BAPTISTAIRES DE LA HAUTE-MARNE

JOURNAL

DE

NICOLAS PARISOT

Curé de Dinteville

(1709-1741)

PUBLIÉ ET ANNOTÉ

PAR

ARTHUR DAGUIN

Officier d'Académie
Membre de plusieurs Académies et Sociétés Savantes
Françaises et Étrangères

ARCIS-SUR-AUBE

LÉON FRÉMONT, IMPRIMEUR-ÉDITEUR

de la Revue de Champagne et de Brie

Place de la Halle

1883

LES ANCIENS REGISTRES

DE L'ÉTAT-CIVIL

DU DÉPARTEMENT DE LA HAUTE-MARNE

NOTES ET EXTRAITS

Parmi les nombreuses sources dont ne se préoccupent guère, dans la Haute-Marne du moins, les auteurs qui entreprennent d'écrire l'historique d'une commune, il en est une d'autant plus précieuse, cependant, que c'est elle seule qui, la plupart du temps, peut fournir des renseignements sur l'histoire intime de la commune depuis le xviie siècle jusqu'à la Révolution : nous voulons parler des registres baptistaires.

Des écrivains très compétents, des érudits ou d'intrépides chercheurs ont signalé pourtant cette nouvelle source de documents et l'ont même exploitée avec beaucoup de succès. Nous citerons entre autres : M. A. Taillandier, dans l'*Annuaire de la Société de l'Histoire de France*, année 1847, où il a publié de piquants détails tirés des anciens registres de la ville de Paris ; M. Jal, qui a trouvé dans ces mêmes registres la matière d'un énorme *Dictionnaire biographique*, destiné à rectifier une foule de faits, de noms et de dates, admis sans hésitation dans les biographies même les plus estimées ; la *Revue historique et nobiliaire* qui a donné des milliers de renseignements sur des familles notables de France, toujours d'après les mêmes sources ; l'*École des Chartes* elle-même où l'on n'a pas cru déroger en étudiant de modestes registres des xive et xve siècles. Notons encore la *Semaine religieuse du diocèse de Langres* où M. l'abbé Ambroise Febvre, chanoine honoraire et aumônier de la maison centrale d'Auberive, et surtout le Frère Asclépiades, archiviste et secrétaire général de l'Institut des frères des Ecoles chrétiennes, ont montré tout le parti que l'on peut tirer des registres baptistaires au point de vue historique [1].

Les registres baptistaires — qui dans quelques rares communes du département de la Haute-Marne datent de l'ordonnance même de Villers-Coterets (1539), par exemple ceux de Langres, paroisse Saint-Pierre. — « Ces registres renferment, en effet, jour par jour, l'histoire de nos familles, de nos paroisses et de nos communes : églises, châteaux, couvents, confréries, institutions diverses, arts et métiers, événements politiques, faits notables, phénomènes extraordinaires, tout s'y trouve raconté, décrit, ou au moins mentionné.

Tout le monde sait que les registres baptistaires devaient renfermer obligatoirement l'inscription des baptêmes, des mariages et des sépultures accomplis pendant l'année dans chaque paroisse [2]. Mais, dans l'occasion, on y insérait également divers autres actes qui avaient quelques rapports avec ceux-là : par exemple : les baptêmes des cloches, les bénédictions d'églises ou de chapelles, les visites de l'évêque ou de l'archidiacre, les abjurations de Juifs ou de Protestants, l'élection et le serment de sages-femmes, etc.

Outre cette première catégorie de renseignements, il en est d'autres que l'on trouvera dans ces registres, soit dans le texte même des actes, soit par le moyen des signatures. C'est ainsi qu'on pourra dresser la chronologie des curés, des vicaires et des autres ecclésiastiques qui ont administré la paroisse ou qui ont fait quelque séjour. On peut de même arriver à établir la liste des officiers et fonctionnaires civils, tels que prévôts, lieutenants, juges, sergents, maires, adjoints, maîtres d'école et autres, qui interviennent si souvent parmi les témoins, les parrains, les assistants, etc.

Les registres peuvent encore fournir les éléments d'une statistique fort intéressante sur la population à diverses époques,

---

1. Nous empruntons à l'excellent travail de ce dernier, les passages qui suivent et qui sont placés entre guillemets.

2. Ce n'est guère qu'à partir de 1640 environ que les mariages et les décès ont commencé à être inscrits, du moins à en juger par les registres que nous avons compulsés. Mais l'ordonnance d'avril 1667 vint bientôt faire une loi de ce qui n'était jusqu'alors que l'exception.

sur le nombre comparé des naissances et des décès, sur la durée moyenne de la vie dans tel ou tel canton, etc. » On peut aussi demander aux mêmes sources les éléments d'une statistique morale et intellectuelle plus intéressante encore : le degré d'instruction dans nos provinces, par la comparaison du nombre annuel des signataires parmi les conjoints.

Enfin ces registres présentent un intérêt tout particulier : les curés ont souvent intercalé, soit dans la rédaction des actes, soit entre les actes eux-mêmes, des notes, des observations, des récits qui fournissent de précieux renseignements sur les évènements qui se sont accomplis dans leur paroisse ou aux environs, sur les personnes qui y ont vécu à divers titres, sur les faits marquants de l'histoire de la France et sur les contre-coups qu'ils ont eus dans la région.

Voici, parmi la masse de documents inédits, appartenant à cette dernière catégorie et que nous a fournis le dépouillement des registres de cent cinquante à deux cents communes de la Haute-Marne, voici quelques extraits qui, mieux que nos affirmations, feront entr'apercevoir combien la mine est féconde et quelles richesses on en peut extraire.

On attaqua grandement à Rolandpont ceux qui estoient soupçonnés de sortilèges en l'an 1629. (*Rolampont*).

Le dix-huict d'octobre 1633 a esté inhumée la femme de Nicolas Guillemin qui est morte de la contagion qu'elle a pris en fréquentant trop tost la maison de la baronne, estant tenue par une curiosité qu'elle avoit d'y trouver quelque argent ou autre chose, et au contraire elle ny a rien trouvé que la peste de laquelle elle est morte comme dit est ; ce qui doit servir d'avertissemens à toutes personnes de nestre pas si curieux et de ne fréquenter si promptement les lieux qui ont esté contagiez. (*Rolampont*).

Le 24 dudict mois (octobre 1635), en tems que les Crauattes tondoient le Bassigny, fust baptisée Anne, fille de Jean Courtier, sergent royal, demeurant à Is, et d'Anne Monginot. (*Nogent*).

L'année mil six san trante six, la contagion emporta six vingt personnes de cet paroisse tant hommes, fames que petits enfans, lesquels ont estés enterrés dedans les jardins et dans la campagne. (*Prez-sur-Marne*).

Le 17 de mars (1637), a esté inhumé Michel Dormoy qui a esté tué par les soldats suédois au tournant du bois de Charmoilles.

Les soldats suédois sont tellement ennemys de nostre nation et religion catholique, apostolique et romaine qu'ils pillent les esglises, foulent les saints sacremens aux pieds, tuent, volent, violent femmes et filles, et bruslent les maisons et villages, quoy qu'ils soient au service de nostre roy très chétiens ; à qui le ciel soit favorable à ses armes, pour le rendre victorieux de tous ses ennemys, affin de renvoyer bientost cette nation barbare et estrangère, de nous avoir une bonne paix, pour luy rendre des actions de grâce, le servir et honorer avec plus de libertez et d'un zèle plus grand, Fiat. Deus. (*Rolampont*).

Le 29 d'apvril (1637), ont esté tuez par les Suëdois maître Pierre Maulbon, le jeune, procureur en ce baliage, Claude Perin, sergent forestier, Jehan Le Gris, laboureur, Michel Michelet, aussi laboureur, et François, fils de Nicolas des Thienet, marchand.

Nicolas des Thienet a esté inhumé, estant mort de la blessure qu'il eust des Suëdois cy-dessus, le 6 de may. (*Prez-sous-Lafauche*).

Messire Claude Michel, curé de Nogent et natif dudict lieu, après avoir esté vingt ans curé, s'estant réfugié à Mandres à cause de la contagion qui estoit si grande audict Nogent qu'en moins de deux mois, il y mourust plus de cinq cens personnes, qu'il y fust tué audict Mandres par les Croastes, le 24 juillet 1637. Auquel a succédé Sébastien Deferrieres à présent curé dudict lieu. (*Nogent*).

Le 29 de juin (1639), a esté baptizée une nommée Françoise, fille de Claude Floryot et d'Anne Peret, du lieu de Fresnoy, réfugiez en ce lieu. (*Nogent*).

> Nota. — Des mentions semblables accompagnent plusieurs actes subséquents, entre autres ceux des 18 juillet, 24 août, 15 octobre, 23 novembre 1639 et 23 février 1640.

Jean Pérardot, fils de Joseph Pérardot et de Marguerite Frolin, sa femme, a esté baptizé ce 17° aoust 1639, auquel jour le Roy nostre Sire, Louys treiziesme, est sorti de Vignory ; et a eu pour parain Jean Royer et pour maraine Nicolle Fuseller. (*Vignory*).

Les registres baptistaires depuis l'an 1641, faits par moy, curé soussigné, et Nicolas Godifer, et Pierre Dubuisson, et Pierre Dosne, mes vicaires audict Mussey, et dévolus à nous depuis ledit an 1641 jusques en 1652, ont esté lacerrez, perdus et emportez par la scene de l'arrivée des ennemis commandez par le general Faulgue qui passa sur ceste rivière de Marne audelà de l'eau. Et les coureurs ayant logé à Mussey et faict desservir la paroissiale eglise, pillèrent les saincts fonts rompus par lesdicts courreurs que l'on nommoit les Marauts boutres, qui séjournèrent trois jours au mois de may 1652. En mémoire de quoy j'ai faict le présent escript ce 23e décembre 1652. Prevost, curé de Mussey, (*Mussey*).

Michel Aubert a esté tué à Thivetz par les coureurs de l'armée de Lorraine, conduitte par le baron de Fauge, le 21e apvril 1652, et a esté inhumé proche l'orme au curé du cimetière. (*Thivet*).

Le 25e apvril (1652), a esté baptizé Charles Béguiot, fils d'Antoine Béguiot, et de Bologne Jobard, sa femme, habitans do Roocourt, réfugiez à Vignory, à cause du passage de l'armée Lorraine. (*Vignory*).

Nicolas Guyot, jeune fils de Sexfontaine, a esté tué proche la tour au puy de Vignory par les gens de guerre de Bouillon passans, et enterré le mesme-jour d'yer seiziesme juin 1653. (*Vignory*).

Maistre Vincent Euvrard, prestre curé de Vouëcour, fust assaciné dans les bois de Vouëcour d'un coup de fusil qui lui cassa l'épaule de deux bales et lui perça la nucle du col d'une autre bale, et fust enterré à Vignory, le premier mars mil six cent soixante et quatre, au milieu de la nef proche le tombeau de feu M Le Merle, curé de Vignory. (*Vignory*).

Charle Prevost deceda le 8 septembre 1667 et fust tué à Nully par des cavaliers. (*Vignory*).

L'an de Nostre Seignour mil six cens quatre vingt et deux, la nuit d'entre l'onziesme et douzlesme jour du mois de may, environ les deux heures et demye du matin, dudict jour douziesmo, est arrivé un tramblemant horrible de la terre qui saulletait, en sorte que les bastimans et maisons trambloit comme des arbres qui sont poussés du vant, ensemble un grondement qui estoit avec yceluy tramblemant comme du tonnerre moyen, qui dura presque l'espasse de la moytié d'un demy card'heure, si bien que le bruit donna de l'estonnemant aux hommes les plus hardis..... (*Saint-Ciergues*).

Le reste de cette relation est illisible, le registre étant détérioré. Dans nos excursions à travers le département, nous avons découvert, encastré dans l'une des parois extérieures de l'église de Dampierre-les-Langres, un fragment d'inscription que nous avons déjà donné dans la *Revue de Champagne et de Brie* (t. IV, p. 137), et qui rappelle le phénomène géologique :

F	LANNEE 1682 LE
	12 DE MAY SET
D	FAICT UN GRAND
M	TRAMBLEMENT
D	DE TERRE A TRO
R	HEURE DT MAY

—

Année de guerre, de cherté, de misère, de désolation.

Le 3 janvier de l'année 1694, a esté baptizée Marie Béguinot, fille de Jean Béguinot et de Claudine Marceau, paroissiens d'Essey ; elle a eu pour parain Jean Poinsot, de Louvières, et pour maraine Marie Marceaux. (*Donnemarie*).

—

Cette année 1706, l'église de Clairvaux a esté brulée par le feu du ciel qui a commencé à la pointe de la flèche et a entièrement consumé le toict de tout l'église ; les cloches fondues. Et mesme jour et an que dessus, l'église de Saint-Pierre de Bar-sur-Aulbe a eu le pareil sort. (*Autreville*).

—

Le 3e juillet (1715), a esté inhumé le corps d'un estranger habillé de rouge, trouvé sur le grand chemin, percé de coups de poignard ou de bayonnettes. (*Rolampont*).

—

L'an 1727, le 12 septembre, il se fit à Laville-aux-Bois une ravine à si grande quantité d'eau que on ne pouvoit passer qu'à cheval pour aller dans la rue Beurré ; les champs devant furent entièrement perdus et la terre enlevée jusqu'au Val. Le chemin des Combelles en devint impraticables, les mares entièrement remplies de pierres, de terres et sables aux deux bouts du village. Au dessous de la Croix Grillot, il y eut un bœuf de nayé. Les maisons estoient remplies d'eau, le bétail blanc resta en pasture accablé de pluye. L'eau estoit au dessous de l'église, dans les champs devant, de la hauteur d'un homme. Je soubssigné ay esté transporté sur les épaules d'un habitant appellé Claude Bresson, laboureur, lequel en estoit encore dans le mesme lieu une heure après la ravine, dans l'eau jusqu'à la ceinture. L'étang du Vieux Val qui avoit esté construit trois ans auparavant et qui avoit cousté dix-huit mille livres à Messieurs du Val des Escoliers fust entiesrement enlevé. Le présent escript **pour mémoire à la postérité.** Jean Cussin, prestre et vicaire de Laville-aux-Bois. (*Laville-aux-Bois*).

—

Le 30 mars (1737), a esté inhumé François Maire, d'Andelot, qui eust le malheur d'estre écrasé par le carrosse du roy de Pologne. (*Chalvraines*).

—

Le 18 janvier 1757, on a ressenti à Lanques et dans les environs vers les six heures du matin un tremblement de terre qui n'a porté aucun préjudice. (*Lanques*).

—

Le 20 janvier 1757, jour de la feste de saint Sébastien, qui est feste en cette paroisse, il s'est fait un grand éclair, le soir vers les huit heures, et ensuite on a entendu trois gros coups de tonnerre ; le lendemain vers minuict il est tombé un peu de neige et ensuite une grande pluie qui a inondé toute la paroisse, plusieurs paroissiens ont esté obligez de fuir. Cette pluie a duré toute la journée, le lendemain 22 janvier. Une maison et de grandes portes ont esté démolies. Le 25 mesme (chose), mais l'eau a esté encore plus grande, il y en avoit de sept pieds dans les écuries du château, ce que l'on avoit jamais vu dans la paroisse de l'âge d'homme. (*Lanques*).

—

Le 25 aoust 1775, feste de Saint-Louis, le tonnerre est tombé sur le chœur de cette église à trois heures après midy, s'est fait un passage au dessus du pignon qui est derrière le maistre autel, et par sa chûte a causé celle de la Colombe qui est après la boisure et celle d'une petite corniche qui est au dessus de l'image de la Sainte Vierge. Après quoy, il a bruslé foiblement la couronne qui est au dessus du tabernacle, ensuite le carton de l'évangile de Saint-Jean, et a ramassé en chiffons les nappes et le tapis qui couvrent l'autel ; de ces nappes, il y en a deux qui ont esté noircies et percées comme de balles de plomb. (*Marnay*).

—

Le 19 juin 1779, ont esté conjoints en mariage Pierre Dorolle et Marguerite Thiéblemont, à laquelle une dot de quatre cents livres avoit esté faite à l'occasion de l'heureuse délivrance de S. M. la Reine de France. (*Ceffonds*).

—

Dans le cours de cette année (1785), la paroisse a été attaquée d'une maladie épidémique qui a enlevé bien des chefs ; le sang se corrompait aussitôt si l'on ne l'empéchait par quelque acide (vinaigre). Point de saignées, (*Marault*).

—

Le 4 juillet 1788, les emblasves de la commune de Marnay ont esté ravagées par une gresle affreuse qui est tombée sur les quatre heures après midy et qui a détruit les trois quarts des récoltes. Les branches des arbres ont esté cassées en partie. Cette gresle est tombée sans pluie et la pluspart des greslons estoient gros comme des œufs et mesme plus gros, ce qui a causé une grande perte dans la paroisse.

M. le curé a fait en ce jour là l'office de la translation des reliques de Saint-Martin sur les quatre heures du matin afin de procurer à ses paroissiens la commodité d'y assister, la majeure partie y a menqué par avarice et par deffaut de religion ; ce qui a pu attirer sur eux le terrible fléau de la gresle. (*Marnay*).

—

On voit, par les extraits qui précèdent, combien est précieuse cette mine historique : les registres des naissances, des mariages et des décès. Il est donc inutile que nous engagions davantage les historiens locaux à l'exploiter. Nous ne devons pas leur cacher que, souvent, malgré un long labeur, on ne fait qu'une mince récolte ; mais aussi quel ample dédommagement quand on rencontre un véritable journal ! C'est ce qui nous est arrivé à Dinteville. L'un des curés de cette commune, Mammès Parisot, né à Langres en 1673, ancien vicaire de Charmoy (1699-1709), a consigné dans les registres, année par année, tous les faits qui sont parvenus à sa connaissance : les notes commencent en 1710 et continuent presque sans interruption jusqu'en 1728, mais à partir de cette époque il existe de nombreuses lacunes ; les annotations finissent avec l'année 1741. Deux ans après Parisot devenait aveugle, il vécut ainsi pendant douze ans : il mourut le 5 février 1755. Son journal, écrit sans aucune prétention littéraire, naïf même, ce qui en augmente l'attrait, nous a paru suffisamment intéressant pour qu'on le tirât de l'oubli. Nous croyons qu'on nous saura gré de l'exhumer, en faisant grâce au lecteur d'un plus long préambule.

JOURNAL DE MAMMÈS PARISOT
Curé de Dinteville

1710-1711

Monsieur Mammès fust nommé à la cure de Dinteville, le 14 septembre 1709, par Messieurs les vénérables chanoines du chapistre de Langres. Il en prit possession le 18 du mesme mois, aagé pour lors de trente-six ans. Monsieur de Clermont-Tonnerre estant pour lors Evesque de Langres, et Monsieur Amat, son vicaire général, et Monsieur Akakias son grand archidiacre et bienfaiteur dudit Parisot, curé de Dinteville [1].

Cette mesme année 1709, on souffrit une disette générale, telle que l'on n'en avoit jamais vue une semblable. L'hyver fust si violent et les gelées si terribles que le froment et le seigle périrent entièrement en terre, et le bled, qui l'année précédente ne se vendoit que vingt sols le bichet pesant cinquante livres, se vendoit quinze francs pour semer. L'orge se vendit neuf livres. Les vignes furent entièrement ge-lées, et l'on ne recueillit cette année aucun vin nouveau dans une très grande partie du royaume.

L'année suivante ne rendit guère plus de vin ; mais les orges y fu-rent très abondans et parfaitement bons, peu de personnes ne se dis-pensèrent d'en manger tant le bled estoit rare. La plus grande partie des arbres fruitiers, et surtout des noyers, furent perdus. Les oiseaux et les bestes fauves moururent. Enfin il ne parut que tristesse, chagrin, pertes effroyables [2], et toute la surface de la terre parut changée cette année de 1709. Après lequel tems la divine providence, toujours attentive à nos besoings et touchée de nos prières, cessa de nous af-fliger ; mais la guerre ne discontinua point, et l'on vit toutes les Flandres perdues pour la France, la Picardie et le Bolonais ravagés ; le Languedoc et les provinces voisines ne souffrirent pas peu de l'in-vasion des ennemys qui parurent fréquemment aux environs de

---

1. François-Louis de Clermont-Tonnerre fut évêque de Langres du 24 décembre 1695 au 12 mars 1724. Antoine Amat était vicaire général de-puis 1683, il mourut en 1714. Henri Akakia fut archidiacre de Langres de 1701 jusqu'à sa mort en 1714.

2. Au sujet des épithètes : terrible, horrible, effroyable, etc., qui reviennent à chaque instant dans le journal du curé Parisot, nous rappellerons les lignes suivantes des *Mémoires de Madame de Genlis* : « Avant la Révolution,... on n'entendait partout que des exclamations qui exprimaient l'étonnement, la désolation, l'horreur ou l'enchantement et l'enthousiasme ; tout était *in-concevable, inoui, monstrueux, horrible, ou charmant et céleste.* »

Bourbonne, des Coiffy, de Laferté et autres lieux voisins : ce qui constate une invasion générale que j'ai vue et que je puis certifier [1].

Monsieur Louis fust nommé curé de Laferté sur Aulbe, le mois de novembre 1709 [2].

Louis quatorze, roy de France, fit bastir la mesme année une chapelle à Versailles, qui cousta plus de six millions.

Ceux qui avoient acheté cent sols la mesure de bled pesant cinquante livres, pour semer, à la fin de 1709, ne vendirent la mesme mesure l'année suivante que trente sols, tant l'abondance estoit grande.

La mesme année, l'archiduc Charles fit sortir de Madrid le roy Philippe cinq ; mais il ne resta pas longtems le maistre, voulant empescher que les troupes allemandes dévastent les esglises [3].

Le peuple se trouva dans le dernier accablement par rapport aux subsides terribles, à la livrée de leurs grains et des milices, ce qui estoit une chose horrible à voir [4].

La terre de Montigny-sur-Aulbe fust vendue la mesme année à un monsieur de Paris [4].

Ces deux premières années que je fus dans ma cure de Dinteville, je ne reçus pas une goutte de vin de disme et fort peu de bled.

---

1. Aucun des historiographes de notre région ne mentionne ces incursions que les Impériaux, évidemment, firent en 1709 dans les environs de Bourbonne, Coiffy et Laferté.

2. Nicolas Louis fut curé de Laferté-sur-Aube jusqu'en 1759, année de sa mort.

3. L'archiduc, proclamé roi d'Espagne sous le nom de Charles III, entra à Madrid le 20 septembre 1710; Philippe V rentra dans la ville le 2 décembre suivant.

4. Parmi les nombreux pamphlets, libelles, etc. qui virent le jour à cette époque, nous croyons intéressant de rappeler la pièce suivante : « Notre père qui êtes à Marly, votre nom n'est plus glorieux; votre volonté n'est faite ni sur la terre ni sur la mer ; rendez-nous aujourd'hui notre pain, parce que nous mourrons de faim ; pardonnez à vos ennemis qui vous ont battu, mais ne pardonnez pas à vos généraux, et ne nous induisez pas en tentation de changer de maître, mais délivrez-nous de la Maintenon. »

4. M. le vicomte du Plessis, propriétaire actuel du château de Montigny-sur-Aube, a pu nous préciser cette vente sur laquelle les Archives de la Côte-d'Or ne possèdent aucun document. Dans ses archives particulières se trouvent « l'acte de foi et hommage et le dénombrement faits par messire Jean-Baptiste de Gomont, conseiller du roi en la Cour des Aides à Paris, seigneur et marquis de Montigny-sur-Aube, entre les mains d'illustrissime seigneur duc de Clermont de Tonnerre, évêque et duc de Langres, pour la terre et marquisat de Montigny, acquis par lui de M. le comte et Mme la comtesse de Choiseul, par devant Durand et son confrère, notaires au Châtelet de Paris, le 30 septembre 1710. »

J'ai commencé à eslever des jeunes arbres dans la chenevrière scituée devant la maison curiale au mois de décembre 1709.

1712-1713.

La récolte du vin a esté si grande cette année (1712) que la pluspart des vignerons ont esté obligés, après avoir vendangé, de laisser leurs raisins coupés à costé de la vigne en attendant qu'ils puissent avoir des tonneaux et le temps de le pressurer. Le vin s'est vendu quatre livres le muid.

Cette mesme année, les trouppes françaises ont fait de si grands progrès sur les ennemys en Flandre, après avoir cependant perdu les campagnes précédentes jusque là que les ennemys firent des courses considérables jusqu'aux portes de Rheims, que cette campagne heureuse a rendu la paix à l'Europe par l'entremise de la reine d'Angleterre [1].

Cette année a fait perdre à la France Monseigneur le Dauphin, Monseigneur et Madame la Duchesse de Bourgogne avec leur fils, prince de Bretagne. Les trois derniers furent enlevés en quinze jours, regrettés généralement de toute l'Europe pour leurs rares vertus [2].

Le 18 du mois de mai 1713, Monsieur Louis Poisse, aagé de trente un an, curé de Villars, mourut dans ma cure, n'ayant pas retourné à sa paroisse tant il se trouva incommodé à son retour de Langres. Monsieur son frère fut nommé à la cure de Villars [3].

Sur la fin du mois de mai 1713 et au commencement de juin, ont passé proche nos vignes de Chaumont les mousquetaires, les grands gendarmes et les gardes du roi qui alloient en Allemagne pour le rétablissement du duc de Bavière en ses états [4].

En ce mesme tems et mois, le bled augmenta extraordinairement de prix et la mesure se vendit cinquante cinq sols.

1. A la suite d'une révolution ministérielle, l'Angleterre, abandonnant ses alliés, accueillit les ouvertures de paix que lui faisait la France et le 8 octobre 1711 les préliminaires de la paix furent signés à Londres. C'est cette défection de l'Angleterre qui occasionna l'ouverture du congrès d'Utrecht (12 janvier 1712), congrès qui aboutit au fameux traité d'Utrecht (11 avril 1713) entre la France, l'Angleterre, le Portugal, la Hollande, la Savoie et la Prusse.

2. Louis, dit le Grand Dauphin, né à Fontainebleau le 1er novembre 1661, mort à Meudon le 14 avril 1711, Louis, duc de Bourgogne, né à Versailles le 6 août 1682, mort à Marly le 18 février 1712 ; Marie-Adélaïde de Savoie, sa femme, fille de Victor-Amédée II, née le 6 décembre 1685, morte à Versailles le 12 février 1712, Louis, duc de Bretagne, né à Versailles, le 8 janvier 1707, mort le 8 mars 1712.

3. Louis Poisse était curé de Villars-en-Azois depuis 1708.

4. L'Autriche et l'Empire n'avaient point pris part au traité d'Utrecht; les hostilités continuaient donc en Allemagne.

Nos vignes furent gelées le 3 de juin, veille de la Pentecoste.

Mon frère Pierre entra au séminaire le 24 novembre 1713 ; il tomba malade à Carnaval et le fut jusqu'à la Feste Dieu.

En cette mesme année, le roi exigea la dixiesme partie de tous les biens de son royaume, par arrest du Parlement[1].

La ville et forteresse de Landau, scituée sur la Meuse en Allemagne, fust prise par l'armée de France, commandée par monsieur le mareschal de Villars, le 20 aoust 1713, après cinquante six jours de tranchées ouvertes.

La construction du clocher de Dinteville avec un pan de muraille furent établis le 12 aoust 1713.

La paix fut enfin concluë et signée par le mareschal de Villars, plénipotentaire de France, et monsieur le prince Eugène de Savoie, généralissime des troupes de l'Empire, entre Louis quatorze roy de France et l'empereur Charles trois à Rastadt, proche de Strasbourg, le six du mois de mars 1714, après la prise de Landau et de Fribourg. Les électeurs de Bavière et de Cologne furent rétablis dans leurs états et principautés.

La reine d'Espagne, fille du duc de Savoie et épouse de Philippe cinq, de France, mourut au mois de février 1714, aagée de vingt cinq ans, laissant trois princes[2].

Le duc de Savoie fut couronné roy de Sicile à Palerme, le 27 décembre 1713[3].

1714

La reine Anne d'Angleterre cause la paix à tous les princes de l'Europe en 1713. Malborough, son généralissime, fust disgracié en 1712. La reine d'Angleterre mourut cette année 1714[4].

---

1. L'édit portant établissement de la levée du dixième des revenus fut enregistré à la chambre des Vacations le 26 octobre 1710 ; il y a donc ici une erreur de date. Cet impôt du dixième ne fut décrété qu'après une consultation en Sorbonne qui déclara « que tous les biens des François estoient au roy en propre, et que quand il les prenoit, il ne prenoit que ce qui lui appartient » (*S. Simon*).

2. La Reine d'Espagne mourut le 14 février 1714 ; c'était Marie-Louise-Gabrielle de Savoie, fille de Victor-Amédée II et d'Anne d'Orléans. Elle avait eu quatre fils : Louis, prince des Asturies, né le 25 août 1707 ; Philippe, né le 2 juillet 1709, mort le 8 suivant ; Philippe, né le 7 juin 1712 ; Fernand, né le 23 septembre 1713.

3. Par le traité d'Utrecht, Victor-Amédée II avait obtenu la Sicile avec le titre de roi et une partie du Milanais ; il prit le titre de Roi de Sicile le 22 septembre 1713.

4. La reine Anne d'Angleterre mourut le 12 août.

Philippe cinq, roy d'Espagne, espousa, au mois de septembre 1714, la duchesse de Parme[1].

Monseigneur le duc de Berry mourut cette année 1714 à Marly[2].

Cette mesme année, il y eut de grandes innondations par toute l'Europe, surtout en Alsace.

Les bestes blanches et les bestes à cornes moururent par toute l'Europe, ce qui causa des pertes horribles. La laine se vendit quatorze sols la livre.

Le grain se vendit cent sols le bichet de Langres[3].

Mon frère, Pierre Parisot, reçut le sous-diaconat en septembre 1714. Mon frère, Nicolas Parisot, espousa le six du mois de novembre Jeanne Aubry, fille de Simon Aubry, marchand à Ravennefontaines.

1715

L'ambassadeur de Perse fait son entrée à Paris le 7 de février, fait présent au roy Louis quatorze d'esmeraudes, d'escarboucles, de perles d'Orient, de fioles de baume pour la conservation de la santé du roy. Toute la maison du roy alla le recevoir à cheval avec M. le mareschal de Matignon et M. de Bertailles, introducteur des ambassadeurs.

Mgr. de Langres va à Paris pour la constitution du pape contre le père Quesnel de l'Oratoire, affaire qui fait grand bruit dans le monde attendu que le livre des *Réflexions morales sur le nouveau testament* a esté si longtemps livre approuvé et enseigné dans les séminaires. Mgr. de Rouen de concert avec les jésuites sollicite sa condamnation[4].

1. C'est le 16 septembre que Philippe V épousa en secondes noces Elisabeth Farnèse, fille d'Edouard II, duc de Parme, et de Dorothée-Sophie de Bavière.

2. Charles, duc de Berry, né le 31 août 1686 mourut à Marly le 4 mai 1714; il était fils du grand Dauphin.

3. Le bichet de Langres valait 24 pintes du lieu, soit 30 litres 210. En général, le curé Parisot n'emploie que les poids et mesures usités à Laferté-sur-Aube : le journal ou la fauchée valant 62 chaînes ou cordes et demie, soit 25,000 pieds pieds carrés, c'est-à-dire 26 ares 380, l'ouvrée de vigne était le cinquième du journal; la pinte équivalait à 64 pouces cubes, soit 1 litre 269, le tonneau ou muid comprenait 180 pintes, le boisseau 18 pintes 3/4. Rappelons enfin que le bichet valait 2 boisseaux, le setier 4 bichets, l'émine 8 bichets.

4. Pasquier Quesnel, oratorien, né à Paris le 14 juillet 1634, mourut à Amsterdam le 2 décembre 1719. La première édition des *Réflexions morales* parut en 1671 (Paris, 1 vol. in-12) avec l'approbation de Félix Vialart, évêque de Chalons-sur-Marne. Il y avait donc quarante ans que ce livre était lu et étudié quand le parti de l'archevêque de Rouen, Claude

Monsieur Pierre Parisot reçut le diaconat à Troyes le 20 avril 1715.

Le roi Louis XIV, mourut le 1er dimanche de septembre 1715. Louis XV, fils du duc de Bourgogne et de la duchesse de Savoie, petit-fils du grand Dauphin, succéda à la couronne et Mgr. le duc d'Orléans est déclaré régent du royaume.

Mgr. le cardinal de Nouailles est victorieux de ses ennemys, triomphe au sujet de la constitution du pape contre le père Quesnel de l'Oratoire et est déclaré chef du conseil du jeune roy [1].

Le père Tellier, confesseur du roy, est rélégué à la Flèche ; les ministres sont chassés [2].

Les grains qui avoient esté fort longtemps à haut prix, ne se vendent plus cette année.

Les turcs font des progrès inconcevables dans la Morée et dans l'Albanie.

1718

Pendant tout le mois de janvier les neiges furent extraordinaires en ce pays, les grains à bas prix.

Cette année 1718 a esté remarquable par les grands événements arrivés entre les cours souveraines.

En Hongrie, le grand seigneur après avoir esté battu devant Bellegrade, après avoir perdu Témesvart et Bellegrade par la valeur du prince Eugène, généralissime des troupes impériales, fit sa paix avec l'empereur à Passarovitz, en Bosnie, le 22 juin 1718.

En Moscovie, le Czar, empereur des Moscovites, eut de cruels chagrins dans sa famille impériale par la renonciation de son fils aîné à l'empire et qui voulant ensuite rentrer dans son droit légitime à la succession fut mis en prison et y mourut peu de temps après. La

Maur d'Aubigné, obtint du pape la bulle *Unigenitus*. On ne reconnaîtrait pas le grand roi, si Louis XIV n'avait pas renouvelé en faveur de cette bulle, qui souleva de nombreuses protestations, les mesures draconniennes dont il avait usé contre les protestants : trente mille lettres de cachet furent décernées contre de vertueux prélats, de savants magistrats, des seigneurs et même des hommes du peuple.

1. Louis-Antoine de Noailles, archévêque de Paris, depuis le 19 août 1694, cardinal en 1700, fut toute sa vie ennemi des jésuites et de leurs doctrines ; son opposition à la bulle *Unigenitus* lui attira la colère de Louis XIV qui lui défendit (1714) de reparaître à la cour.

2. Michel Letellier, jésuite, nommé confesseur du roi après la mort du P. Lachaise (20 janvier 1709) fut l'inspirateur des nouvelles et violentes persécutions contre les jansénistes et contre les protestants.

sœur du czar fut enveloppée avec plusieurs évesques et archevesques et autres grands de la cour dans la conspiration dont plusieurs perdirent la teste sur un eschaffau.

En Espagne et en Sicile, le roi d'Espagne, Philippe cinq, fils de France, s'empara de Messine et de Palerme ; la flotte fut battue entièrement sous le règne du roy Georges d'Angleterre. Le roy de Sicile, duc de Savoie, ayant perdu la Sicile en partie, fut reconnu roi de Sardaigne ; il estoit beau-père du roy d'Espagne.

En Portugal, on érigea la chapelle royale de Lisbonne en archeveschez ; chose extraordinaire de voir deux archevesques dans la mesme ville [1].

En France, Phillippe d'Orléans, régent de France sous la minorité de Louis XV, fils de Louis XIV, maltraita le parlement et envoya plusieurs de ses membres en exil. Il exila encore M. le duc du Maine, gouverneur du Languedoc, fils bâtard de Louis XIV, avec la duchesse du Maine, le prince des Dombes, le prince d'Eu et leurs sœurs. Il découvrit une conspiration contre sa personne, tramée par le prince de Cellamare, ambassadeur d'Espagne en France, dans laquelle une infinité de grands seigneurs furent enveloppés ; entre autres, le cardinal de Polignac, abbé de Saint-Victor, fut relégué dans son abbaye d'Anschin et gardé par des exempts de la garde royale ; ensuite l'abbé Brigaud, plus un des premiers gentilshommes de Mgr le Régent [2].

On ne se souvient point d'avoir vu une année si seiche et le défaut de pluie empeschoit qu'on pût labourer les terres. Il y eut mesme une infinité de villages réduits à conduire à plus de trois lieues leurs bestiaux le long des rivières et on les y garda fort longtemps. Cette année fut abondante en bons vins [3].

La bulle Unigénitus du pape Clément XI au sujet du *Nouveau testament* du père Quesnel, prestre de l'Oratoire, causa de grands troubles dans le monde chrétien ; ce qui porta à se séparer de sa commu-

---

1. L'ancien archevêché, dit de Lisbonne orientale, avait été créé en 1390 par le pape Boniface XI ; c'est en novembre 1716 que Clément XI érigea le second, dit de Lisbonne occidentale.

2. Le duc du Maine, Louis-Auguste de Bourbon, fils légitimé de Louis XIV et de madame de Montespan, avait épousé Anne-Louise-Bénédicte de Bourbon-Condé, dont il eut entre autres enfants : Louis-Auguste, prince de Dombes, et Louis-Charles, comte d'Eu. — L'abbé Brigaut était l'homme de confiance du marquis de Pompadour ; voir à son sujet les *Mémoires de madame de Staal-Delaunay*.

3. Je n'ai jamais vu un été tel que celui-ci — écrit le 25 août la mère du régent. — Il n'a pas plu depuis trois semaines, et la chaleur augmente chaque jour ; sur les arbres les feuilles sont desséchées comme si le feu y avait passé. Il y a des prophéties qui disent que la pluie commencera à tomber mercredi ; Dieu le veuille.

nion, Mgr. le cardinal de Nouailles, archevesque de Paris, et tous les évesques appelant au concile général [1].

Les monnoyes cette mesme année, comme les années précédentes changèrent souvent de poids. Les escus ne pesant d'argent que huit sols montesrent jusqu'à 6 francs, le louis d'or à proportion. Ce qui causa beaucoup de misère parmi la nation [2].

On ne pouvait sortir de son lieu pour aller aux autres sans certificat de messieurs les curés et officiers des lieux.

On défendit de la part du régent de France, non seulement le port des armes, mais mesme d'en conserver dans les maisons particulières. Jamais les François n'ont esté si accablés qu'ils le furent par les grandes impositions de la Cour ; ce qui ruina une partie du royaume. En un mot la misère a esté la plus affreuse depuis 1709 qu'aucun homme n'eut jamais vue : la perte universelle des froments dans le royaume, la perte sur toutes les bestes à cornes, une guerre continuelle ont accompagné Louis XIV au tombeau, ce que j'ai vu et me suis signé.

PARISOT, curé de Dinteville.

1719.

Les Français, sous la régence du duc d'Orléans et le règne de Louis XV mineur, prirent Fontarabie et Saint-Sébastien en Espagne en 1719. L'armée estoit commandée par le mareschal de Berwick, fils illégitime du roy Jacques d'Angleterre. Tous les bons François estoient outrés de la guerre faite contre le roy d'Espagne, enfant de France, et on souhaitoit plus tôt la défaite de France que celle des troupes d'Espagne [3].

1. C'est le 5 mars 1717 que quatre évesques déposèrent en Sorbonne un acte par lequel ils en appelaient de la belle Unigenitus au futur concile. D'autres évêques et un grand nombre d'universités et de curés se joignirent à eux.

2. Le 8 juin 1718, le louis d'or valait 36 livres — Lorsque l'on parle du désordre des finances sous la régence, on oublie par trop que ce désordre n'est que l'un des funestes résultats du règne du roi soleil ! « A notre avènement à la couronne, dit l'édit du 7 décembre 1715, il n'y avait pas le moindre fonds, ni dans le trésor royal, ni dans les recettes, pour satisfaire aux dépenses les plus urgentes ; nous avons trouvé le domaine de notre couronne aliéné, les revenus de l'Etat presque annéantis, les impositions ordinaires employées d'avance, une multitude de billets d'ordonnances et d'assignations anticipées de tant de natures différentes, et qui montent à des sommes si considérables, qu'à peine on peut en faire la supputation. » La dette s'élevait à plus de 2 milliards 400 millions !

3. Prise de Fontarabie (18 juin), de St-Sébastien (1er août). Jacques Fitz-James, duc de Berwick était fils naturel de Jacques II et d'Arabelle Churchill ; né le 21 août 1660, il fut tué au siège de Philipsbourg le 12 juin 1734.

Madame la duchesse de Berry mourut aagée de vingt-cinq ans, le 21 juillet[1].

Les incendies furent horribles cette année ; les orges, les avoines et les foins fort rares, à cause des grandes seicheresses ; les bleds augmentèrent de moitié au mois de juin[2].

La diminution des espèces et l'augmentation causèrent la perte de plusieurs familles du royaume de France.

Les vendanges furent faites cette année le 20 septembre. Il y eut abondance de vin excellent.

Plus, cette année, les fonds sur l'hostel de ville de Paris furent remboursés au grand préjudice des particuliers.

Les maladies furent extraordinaires cette année et dépeuplèrent les villes et les villages.

Madame la marquise de Vaudrémont, aagée de vingt trois ans mourat au château de Vaudrémont, le 9 novembre 1719[3].

Les espèces d'or et d'argent n'eurent plus cours en France et on estoit payé par des billets de banque qui estoient simplement remboursés dans les bureaux destinés à cet effet.

Les marchandises renchérirent de moitié.

Les escus valurent jusqu'à dix livres ; ce qui ne s'estoit jamais vu.

Les bestiaux moururent une partie de faim faute de fourrages.

Les terres et seigneuries se vendoient sur le pied du denier quarante ; ce qui ruinoit la noblesse.

1720

Cette année 1720, M. le marquis de Dinteville, achepta les terres de Vanvay et de Blanc, prosche Chastillon en Bourgogne. Blanc a cousté soixante sept mille livres[4].

La terre de Lanty fut vendue à M. Huchet, financier par M. le

1. Marie-Louise-Elisabeth d'Orléans, fille de Philippe, le régent, fut mariée, le 7 juillet 1710, au duc de Berry, elle était née le 20 août 1605 et mourut au château de la Muette à Passy.

2. Une lettre de la princesse palatine, mère du régent nous apprend un détail curieux : Dans l'almanach qu'on appelle le Liégeois écrit-elle le 30 juillet, de grands incendies sont annoncés pour cette année.

3. Françoise-Bernardine du Montet, épouse de François de Saint-Belin, marquis de Vaudrémont, mestre de camp d'un régiment de cavalerie, chevalier de Saint Louis.

4. Vanvay et Belan-sur-Ource, villages de la Côte-d'Or, l'un canton de Châtillon-sur-Seine, l'autre de Montigny-sur-Aube. — Le marquis de Dinteville était Guillaume Lebrun en faveur duquel les terres et seigneuries de Dinteville, Sylvarouvres et Juvancourt avaient été érigées en marquisat sous le titre de Dinteville, par lettres de juin 1703, confirmées en 1705.

comte de Langeac de Coligny cent soixante quinze mille livres de rente chaque année. Nest-ce pas une chose inouie ? La terre est amodiée aujourd'hui mille écus non compris les bois [1].

La peste désola cette année la Provence ; la famine y regna aussi ; et les villes d'Aix et de Marseilles, comme les environs éprouvèrent le fléau de Dieu d'une manière horrible. La ville de Toulon la pastit également. On fit des prieres publiques dans ce diocèse pour obtenir la cessation de ces calamités estranges [2].

La régence continua d'accabler le peuple par les différents prix des monnoyes qui arrivoient tous les mois.

Jamais les sciècles les plus reculés ne nous ont fourni de régence plus cruelle que celle de Philippe d'Orléans. On eut grand tort d'avoir fait des cris de joye de la mort de Louis XIV, et on eut lieu de regretter son empire et son règne.

C'estoit un triste spectacle de voir la Provence accablée par la contagion et ce fut encore un terrible sujet de compassion de voir la moitié de la ville de Nantes en Bretagne réduite en cendres. Jamais du temps de Néron, on n'a rien vu qui ait surpassé ces infâmes desseins et la cruelle vengeance des gouvernants [3].

1. Les fief, terre, seigneurie et baronnie de Lanty relevaient partie de la châtellenie de Laferté-sur-Aube, partie de la baronnie de Gurgy-le-Châtel; le ruisseau qui traverse le village séparait ces deux mouvances qui étaient possédées par le même seigneur. Au milieu du XVIIᵉ siècle, le seigneur-baron de Lanty était Charles-Etienne d'Hury de Boutenay, comte de Hombourg, qui, par contrat du 12 novembre 1671, vendit sa baronnie à Marie de Ruellan. Conjointement avec son mari, Hyacinthe de Quatrebarbes, marquis de la Rongère, Marie de Ruellan céda Lanty à Louise de Rabutin, veuve de Gilbert de Langeac, marquis de Colligny (actes des 10 octobre, 13 décembre 1680 et 12 mars 1681). Peu après (19 juin 1681), Louise-Françoise de Rabutin se remaria à Henry-François de La Rivière, seigneur de Coucy, et par contrat du 11 octobre 1693, elle assura à celui-ci l'usufruit de la terre de Lanty. Le 19 septembre 1699, Louise-Françoise donna la nue-propriété de Lanty à son fils du premier lit, Marie-Roger, comte de Langeac, en faveur duquel et moyennant finances, le 18 avril 1717, Henry-François de La Rivière abandonna tous ses droits. Le comte de Langeac et sa femme. Marie-Jeanne-Diane Palatine de Dio de Montpeiroux, par contrat passé par devant Larsonnier et Gardien, notaires au Châtelet, le 19 mars 1720, vendirent Lanty à Hubert Huché, conseiller, secrétaire du Roi, maison et couronne de France, et de ses finances, demeurant à Paris, rue du Petit-Lion, paroisse Saint-Sauveur. A la mort d'Hubert Huchet, Lanty passa à sa fille Jeanne, qui avait épousé Antoine Marque du Coin. (*Archives de Lanty*).

2. La peste, apportée à Marseilles par un vaisseau venant du Levant, sévit pendant deux années (1720-1721) sur la Provence et le Languedoc et enleva plus de 80000 habitants à Marseille, Arles et Toulon.

3. Le Curé Parisot avait probablement connaissance des quatre vers suivants :

> Caligula, Néron, Dioclétien, Tibère,
> Près du nostre n'estoient que de foibles tyrans;
> Philippe les surpasse, et ce n'est pas chimère ;
> Nous l'éprouvons depuis cinq ans.

J'ai vu les escus qui ne valaient de tous tems que trois livres va-
loir jusqu'à dix livres. Par un édit de la régence, les escus diminuè-
rent de 20 sols chaque mois jusqu'au mois de décembre ; ce qui empeschoit les particuliers de conserver de l'argent à cause d'une si
grande diminution. On ne payait plus qu'en billet de banque.

Toutes les terres se vendoient les trois quarts de ce qu'elles valoient ; ce qui ruinoit les gens de qualité.

La seicheresse extresme de 1719 causa une perte horrible pour les
bestiaux.

La gresle fit d'horribles ravages, particulièremeut le jour et le lendemain de la Saint-Pierre de juin.

M. Le Brun, marquis de Dinteville, acheta cette année la terre de
Vanvay et de Villiers, puis celle de Blanc où il fit bastir la forge et
les fourneaux[1].

Un samedi du mois de juillet, les particuliers allant à la banque
pour changer leurs billets de banque, il y eut vingt personnes de tuées
dont on porta les corps de trois dans le Palais Royal aux yeux du Régent. Ce mesme jour, une troupe de personnes au désespoir de la
misère du temps voulurent étrangler M. Law, contrôleur des finances,
mais il se sauva. Son cocher fut fort maltraité, et son carosse mis en
pièces. Jamais l'histoire n'a fourni depuis Pharamond un siècle si
cruel aux Français que sous la régence de Philippe, duc d'Orléans.
Plaise au seigneur qu'il n'arrive rien d'avantage[2].

Madame de la Vienne, mère de madame la marquise de Dinteville,
mourut à Paris, le 20 juillet[3].

La mesme année, le chapitre de Langres me fit une injustice criante,
et me retrancha pour toujours mon supplément de 25 livres. Que
Dieu soit ma récompense.

1. Il a été question précédemment, de Vanvay et de Belan-sur-Ource ;
quant à l'autre village, c'est Villers-le-Duc ou la Forêt près de Vanvay.

2. Cette émeute eut lieu le 17 juillet — Nous sommes loin de l'époque
où la mère du régent écrivait (1 octobre 1719) : « Le mal qu'on dit de M.
Law et de sa banque est l'effet de la jalousie, car on ne saurait rien voir de
mieux : il paie les dettes effroyables du feu roi et diminue les impôts, allé-
geant ainsi le fardeau qui pesait sur le peuple; le bois ne coûte
que moitié de ce qu'il coûtait ; les droits d'entrées sur le vin, la viande et
tout ce qui se consomme à Paris ont été supprimés ; *cela inspire
une grande joie parmi le peuple*, comme vous pouvez le penser. »
Qu'on nous permette de citer encore un passage de la même corres-
pondance : « Le feu roi, écrit la duchesse le 19 septembre 1719, aurait vo-
lontiers employé M. Law pour les finances ; mais comme il n'était pas catholique, le roi disait qu'il ne falloit pas se fier à lui. »

3. Elisabeth Oreeau, deuxième femme de François Quentin de la Vienne,
seigneur de Richebourg, marquis de Champceuetz (par érection de novembre 1686); leur contrat de mariage auquel le roi apposa sa signature est du
12 mars 1681.

Au mois d'août, les escus de trois livres montèrent aux deux tiers, c'est à dire qu'une livre de sucre qui coustoit ordinairement 20 sols, en valoit 60 et plus. Les escus de six livres au mois de juillet, en valoient douze au mois d'août.

Pour comble de malheur et de tyrannie, le régent, ayant remboursé les particuliers, et d'autres particuliers ayant aussi remboursé en billets leurs créanciers, annula par arrest lesdits billets de banque [1] ; ce qui ruina entièrement un nombre infini de personnes de qualité et de bourgeois. Enfin on n'a jamais rien vu de plus horrible.

Un scélérat et un impie fit ses ordures sur l'autel Saint-Germain-le-Vieux, à Paris.

Mgr l'Evesque de Langres, François de Clermont-Tonnerre, se trouva très bien rétabli de sa faiblesse et longue maladie que l'affaire de la constitution du pape Clément onze au sujet du père Quesnel lui avoit causée.

1721.

Cette année 1721 me fut très funeste par l'augmentation des denrées et par le refus que le chapitre de Langres me fit de la somme de 25 livres que chaque année j'avois touchée depuis onze ans comme mes prédécesseurs. La bonne foy et l'équité estoient bannies du cœur des hommes.

Cette mesme année, M. l'abbé Le Maignère, vicaire général de ce diocèse, me gratifia de la belle cure de Bourguignon en Comté ; mais je préférai ma petite cure de Dinteville aux bons revenus de celle-là ; M. Fillol estoit alors curé dudit Bourguignon, avec lequel je ne voulus point permuter pour raison connue de Dieu seul [2].

Le grand Seigneur, Achmet, envoya au roy de France Henry IV, en 1609, un ambassadeur. Soliman III envoya Aga Musta-Feraga complimenter Louis XIV sur l'auguste naissance de Mgr. le grand Dauphin. Le sultan Achmet, aujourd'hui empereur des Turcs, vient d'envoyer Mahomet-Effendi, trésorier général de l'empire ottoman, et a permis aux chrétiens à la sollicitation de Louis XV, roy de France, de bastir au dessus du Saint-Sépulcre, proche Jérusalem, une magnifique église pour y célébrer les offices divins ; en reconnaissance de cette permission, on a relasché des esclaves turcs des galères de Marseilles. Cette dernière entrée se fit le 16 mars 1721, avec la plus grande magnificence qui ait jamais paru.

1. La commission dite *du visa*, chargée de réviser les dettes dues au Système de Law, prononça l'annulation de plus de 1500 millions.

2. Charles Le Mannier, vicaire général depuis 1697, mourut en 1725. Pierre Fillol (ou Follot, suivant l'abbé Roussel), fut curé de Bourguignon-les-Morey de 1701 à 1721, époque où il passa à la cure de Bissey-la-Côte.

Le pape Clément XI mourut au mois de Mars 1721, ayant régné vingt ans. Le cardinal Conti, romain, fut nommé à la papauté et prit le nom d'Innocent XII [1].

La peste continuoit toujours à Toulon et à Marseille.

Louis XV, roy de France, aagé de douze ans, fut très dangereusement malade les premiers jours d'aoust 1721. Sa convalescence réjouit extraordinairement toute la France [2].

M. l'abbé Dubois, ministre des affaires estrangères, fut nommé archevesque de Cambray ; il fut ensuite fait cardinal, puis archevesque de Rheims [3].

Le prince Bracciano, italien, eut dispense du pape Innocent XIII pour espouser en secondes nopces la sœur de sa première femme ; chose inouye parmi les catholiques [4].

La peste quitte Marseilles et Toulon, et fait des progrès dans le Gévaudan [5].

---

1. Le pape Clément XI (Jean-François Albani), qui avait été élu le 23 novembre 1700, étant mort le 19 mars 1721, Michel-Ange Conti né le 15 mai 1655, fut nommé le 8 mai 1721, grâce à l'appui de Dubois auquel il avait promis par écrit le chapeau de cardinal. Conti, sous le nom d'Innocent XIII, régna 2 ans 9 mois et 26 jours ; il eut pour successeur Benoît XIII (Ferdinand Orsini) élu le 29 mai 1724.

2. Louis XV tomba malade le 31 juillet ; cinq jours après il entrait en convalescence.

3. Guillaume Dubois, né à Brives, le 6 septembre 1656, ministre des affaires étrangères, depuis le 24 septembre 1718, fut nommé à l'archevêché de Cambray en mars 1720. Il reçut tous les ordres le même jour à une messe basse en vertu d'un bref *ad hoc* et d'une permission de l'archevêque de Rouen ; le 9 juin, le cardinal de Rohan, assisté de Tressan, évêque de Nantes, et de Massillon, évêque de Clermont, le sacra au Val-de-Grâce. Innocent XIII nomma Dubois cardinal dans le Consistoire du 16 juillet 1721.

Quant à l'archevêché de Reims, vacant depuis la mort du cardinal François de Mailly, 13 septembre 1721, le duc d'Orléans l'offrit à Fleury qui le refusa, et qui, prié par le régent de désigner le titulaire, fit nommer l'abbé de Guemenée, Armand-Jules de Rohan, lequel fut sacré le 28 mai 1722. Fleury reçut en échange l'abbaye de Saint-Étienne de Caen qui rapportait 70,000 livres.

4. Balthasar Erba, duc de Bracciano par héritage de son oncle maternel, Livio Odescalchi, avait épousé en premières noces, le 7 janvier 1717, Flaminie-Marie-Françoise Borghèse qui mourut en couches le 6 décembre 1718 ; le 10 décembre 1721, il se remaria avec sa belle-sœur, Marie-Madeleine Borghèse. — Rappelons un cas inverse qui avait eu lieu quelque temps auparavant : Vingt-six mois après la mort de son premier mari, Edouard Farnèse, Dorothée-Sophie de Bavière, épousa, le 8 décembre 1695, son beau-frère François Farnèse.

5. La peste fut apportée dès 1720 à Marvejols, dans le Gévaudan, par des marchands venant de Marseille ; ses ravages y furent considérables. En 1721, elle se déclara à Avignon, atteignit La Canourge et Alais

1722

Cette année 1722, Louis XV, roy de France, espousa par procuration l'infante d'Espagne, fille de Philippe V, oncle de Louis XV[1].

A pareille jour, Mademoiselle de Montpensier, fille du duc d'Orléans, régent, espousa le prince des Asturies, son cousin[2].

La peste cessa en Provence cette mesme année, et recommença comme auparavant à Marseilles et à Avignon.

M. le marquis de Dinteville, l'aisné, reçut brevet de capitaine dans le régiment de la Cornette blanche. M. de Bligny, son frère, fut nommé cornette au mesme régiment[3].

Je fus nommé exécuteur testamentaire des derniesres volontés de défunt M. Crevel, ancien curé de Sylvarouvre, le 31 janvier 1722[4].

Au mois de mai 1722, on obligea tous les habitans, sans exception, d'aller pionner et rétablir les grands chemins; ce qui estoit quelque chose d'affreux, attendu que les paroisses estoient presque abandonnées et les pauvres habitans obligés d'emporter de quoi se nourrir, eux et leurs bestiaux, estant éloignés la plupart, de sept à huit lieues des travaux publics : ce qui duroit tout l'été.

M. de Dinteville et M. de Bligny entresrent à l'Académie le 1er juillet 1722[5].

Cartouche, le plus insigne voleur qui ait jamais paru, fust exécuté à la Greve à Paris; et pendant le cours de cette année, on ne cessa de pendre et rompre ceux de sa suite[6].

1. Par une des clauses du traité de Madrid, l'infante, Marie-Anne-Victoire, fille de Philippe V et de sa seconde femme, Elisabeth Farnèse, fut fiancée à Louis XV, tandis que le prince des Asturies, dom Louis, l'était à Louise-Elisabeth d'Orléans, dite Mademoiselle de Montpensier. Le 9 janvier 1722, on fit l'échange des deux princesses dans l'île des Faisans. L'infante arriva à Paris le 2 mars; renvoyée en Espagne en 1725, elle quitta Versailles le 3 avril.

2. Le mariage eut lieu à Lerma, le 20 janvier. Mlle de Montpensier devint veuve en 1724; l'année suivante, le roi d'Espagne, ayant été avisé du renvoi de l'infante, fit reconduire à la frontière la veuve de dom Louis. Elle mourut au Luxembourg, à Paris, le 16 juin 1742, âgée de 33 ans.

3. Ce sont les deux aînés des enfants alors existant de Guillaume Le Brun, marquis de Dinteville, et d'Elisabeth Quentin de la Vienne : Bernard né en 1706 ou 1707, et Charles, né un an plus tard.

4. Louis Crevel, mort âgé de 77 ans, était déjà curé de Sylvarouvres en 1678.

5. Nous ignorons de quelle Académie (de province sans doute), il s'agit ici.

6. Louis-Dominique Cartouche fut rompu vif en Grève, le 28 novembre 1721. Notons au sujet de sa bibliographie, un fait curieux : comme on

Les bourgeois de Chaumont, par crainte de la peste, cessèrent de nourrir des vaches, des brebis et auxtres animaux dans ladite ville.

Le Seigneur affligea ma paroisse par la chûte de la gresle qui fust d'une grosseur extraordinaire, telle que je n'en avois jamais vu de pareille, et qui perdit absolument tous les caresmages avec la plus grande partie des vignes et bleds. Toutes les fenestres de l'église de la paroisse furent cassées, les oiseaux tués sans compte et les animaux dont on ne s'aperçut pas.

Le 18 aoust, messieurs Mareschal frères de Langres enlevesrent mademoiselle Fèvre.

Louis XV fust sacré à Rheims, le 25 octobre 1722, par Mgr de Rohan, archevesque de Rheims. Mgr l'évesque de Langres n'y assista pas pour cause de maladie [1].

1723

Louis XV, roy de France, fust déclaré majeur le 16 février 1723 aagé de treize ans [2].

Le mardi 19 mars 1723, un loup enragé mordit une infinité de personnes aux environs de Vandœuvre ; il y en eut six dont la peau de la teste et les cheveux furent entiesrement arrachés et défigurés à Bligny : ce qui estoit horrible à voir. Une femme morte de la rage, plus douze autres personnes.

Le vendredi saint 26 mars, le valet de chambre de M. Maclo, maistre des eaux et forests, assassina M. Jouy, procureur au Parlement de Paris ; il fut arrêté et rompu vif à Paris.

Il fit une seicheresse extresme cette année, à commencer le 15 mars sans qu'il parût de la pluie jusqu'au mois de juin ; la disette parut extraordinaire, surtout des foins et menus grains. La pluie ne dura point et les chaleurs augmentesrent la seicheresse pendant le mois de juin jusqu'au 20.

demandait de tous côtés le portrait du célèbre voleur, on ne trouva rien de plus expéditif que de mettre le mot *Cartouche*, sous les têtes du dessinateur Aubert et du bibliophile Le Gallois, qu'on venait de graver et dont la ressemblance, cependant, était bonne.

Nous lisons dans une lettre de la mère du régent (30 juin 1722): « on n'entend plus parler que de meurtres et de vols. On a trouvé dans une chapelle, affichés sur les murs et jusque sur l'autel, des placards annonçant que, si on ne cesse de rouer et de pendre, le feu sera mis aux quatre coins de Paris. » En juillet 1722, dit Michelet, il y avait encore cinq cents complices de Cartouche au Châtelet.

1. Armand-Jules de Rohan, dont il a été question dans une note précédente, fut archevêque de Reims du 28 mai 1722 au 28 août 1762.

2. Le lit de justice pour la déclaration de la majorité se tint le 22 février. Louis XV était né le 15 février 1710.

M. Huche, seigneur de Lanty, fit faire cette année une forge, au lieu dit le Fourneau, au grand préjudice des habitans de Dinteville.

Mgr le prince de Courtenay mourut à Paris au 1er de mai 1723 ; il avait espousé en secondes nopces la mère de M. le marquis de Dinteville, dont sortit une demoiselle qui espousa M. le marquis de Baufremont, colonel de dragons[1].

Arrest qui défend au mois de juin 1723 à tous particuliers de vendre aucun grain, excepté dans les marchés publics où l'on doit le conduire à peine trois mille livres d'amende. Mais il n'eut pas d'effet et on continua à vendre chez soi.

Messieurs de Dinteville, capitaine, et de Bligny, cornette, se rendirent à leur régiment de la cornette blanche, le 29 mars 1723, pour la première fois.

Le 20 de juin, un garçon de Juvancourt, demeurant à Lanty, se noya à la fosse Gringalet allant pescher des écrevisses.

Plus de vingt familles prirent le remède Saint-Hubert par précaution pour avoir mangé d'un veau soupçonné de la rage[2]. On n'a jamais tant vu d'accidents des bestes enragées que cette année : Mademoiselle d'Arragebois, sœur de mesdames Donnet, fut mordue d'un chien enragé et mourut à son retour huit jours après, en juillet 1723.

Le 14 juillet 1723, j'ai posé la première cheville de l'empalement au-dessus de la forge du fourneau bastie par M. Huche, secrétaire du roy et seigneur de Lanty.

Le 4 aoust, mourut le cardinal Dubois, premier ministre de l'Estat ; il estoit fils d'un apothicaire ; il fust archevesque de Cambray ; il avoit sur son corps six abbayes[3].

1. Louis-Charles, prince de Courtenay, ne mourut pas le 1er mai, mais le 28 avril 1723, et fut inhumé le 30 dans la chapelle Saint-François de Salles, à Saint-Sulpice. Né le 24 mai 1640, il avait épousé en secondes noces, le 14 juillet 1688 Hélène de Besançon, veuve de Jean Le Brun, président au grand conseil, et fille de Bernard, seigneur du Plessis et de Louise d'Amphoux. Hélène de Besançon qui mourut le 30 novembre 1713 eut une fille : Hélène de Courtenay, née le 7 avril 1689, mariée le 5 mai 1712 à Louis-Bénigne de Bauffremont, marquis de Listenois d'où descend la branche des Bauffremont-Courtenay.

2. Nous ignorons l'espèce de ce remède Saint-Hubert ; toutefois nous renverrons le lecteur aux ouvrages suivants où il est question des neuvaines à Saint-Hubert et des opérations religieuses telles que tailles, marques, etc., faites sous l'invocation de ce saint contre la rage : *Histoire critique des pratiques superstitieuses*, liv. 4, chap. 4 ; *Traité des superstitions*, par Thiers, liv. 6, chap. 4. *Pèlerinage de Saint-Hubert en Ardennes*, par l'abbé Bertrand (Namur 1855) ; *Traditions et Légendes de la Belgique*, par le baron de Reinsberg-Düringsfeld (Bruxelles 1870), tome II, p. 245-251 ; *Mélusine* (Paris 1878), col. 373-374 ; etc., etc.

3. Dubois mourut à Versailles, le 10 août et fut inhumé le 19 en l'église Saint-Honoré de Paris. Il jouissait d'un revenu annuel que Saint-Simon

Abondance de fruits partout cette année qui ne purent se conserver.

Les incendies, surtout de villes et de bourgs, furent communs en France depuis six mois.

Le roy Louis XV exigea huit millions du clergé pour son joyeux avènement à la couronne.

Mademoiselle de Sylvarouvre, fille de M. le marquis de Dinteville, prit l'habit de novice à Montigny-les-Nonnes, chapitre du comté de Bourgogne, le 15 octobre 1723; ce fut la quatriesme sœur dans la mesme maison [1].

Philippe, duc d'Orléans, régent, mourut enfin comme il avoit vescu sans sacrement, le 2 décembre 1723.

On demande au royaume cinquante millions pour le joyeux avènement. Beaucoup d'assassins à Paris.

L'argent diminua de la neufviesme partie, ce qui causa une perte irréparable.

1724

L'hiver fut extrêmement doux, sans neige, ni gelées, ni pluye, sinon à la fin de février et en mars 1724.

---

estime « au rabais » à 1,534 mille livres ainsi réparties : la pension qu'il recevait d'Angleterre, à 24 livres la livre sterling, 960,000 livres; la charge de grand-maître et surintendant général des courriers, postes et relais de France (depuis le 15 octobre 1721), 100,000 livres; celle de principal et premier ministre d'Etat (depuis le 22 août 1722), 150,000 livres; l'archevêché de Cambrai, 120,000 livres; l'abbaye d'Airvaux, diocèse de La Rochelle, (depuis 1690), 12,000 livres; celle de Saint-Just, diocèse de Beauvais, depuis 1693) 10,000 livres; celle de Nogent-sous-Coucy, diocèse de Laon, (depuis 1705) 10,000 livres; celle de Bourgueil, diocèse d'Angers; (depuis 1719) 12,000 livres; celle de Cercamp, diocèse d'Amiens, (depuis 1721) 20,000 livres; celle de Bergues-Saint-Vinox, diocèse d'Ypres, (depuis 1722) 60,000 livres; enfin celle de Saint-Bertin, diocèse de Saint-Omer, (depuis 1723) 80,000 livres. Saint-Simon croit que Dubois touchait encore 20,000 livres du clergé comme cardinal. Malgré ce revenu que Duclos porte à *deux millions* et dans lequel ne figurent ni « l'argent comptant, ni le mobilier immense en meubles, équipages, vaisselles et bijoux de toutes sortes », Dubois « quand il mourut, cherchait à s'emparer des abbayes de Cîteaux, de Prémontré et d'autres chefs-d'ordre (Duclos). »

1. Ces quatre sœurs sont : 1° Louise-Hélène, née à Paris, paroisse Saint-Sulpice, le 29 janvier 1709; 2° Elisabeth-Agnès, dite de Bligny, née aussi à Paris, même paroisse, le 17 février 1710; 3° Marie-Thérèse, dite de Juvancourt, et plus tard de Dinteville, née au même lieu que les précédentes, le 11 avril 1711; 4° enfin Elisabeth-Agnès, dite de Sylvarouvres. Elles entrèrent à Montigny en 1722 et 1723. En 1789, la deuxième et la troisième étaient encore chanoinesses de cette abbaye; la dernière était probablement décédée, car nos recherches à son égard sont restées vaines; quant à la première, elle s'était mariée au comte d'Orlick, maréchal de camp et colonel du régiment allemand de Royal-Pologne.

Les denrées de toutes espèces sont d'un prix exhorbitant.

Philippe V, roy d'Espagne, abdiqua le royaume et le remit entre les mains de son fils, prince des Asturies, qui avoit espousé la princesse d'Orléans. Ce roy n'estoit angé que de quarante-un ans ; et on ne sait au juste si la dévotion si opposée aux roys, ou la maladie furent le mobile de cette extraordinaire abdiquation Un empereur romain, nommé Dioclétien, fit la mesme abdiquation dont il se repentit bientôt. Celle du roy d'Espagne se fit par décret écrit de sa propre main, le 15 janvier 1724.

Au mois de mars, mourut François Clermont-Tonnerre, évesque de Langres, duc et pair de France. M. l'abbé Dantin, fils du duc Dantin et petit-fils de madame de Montespan fut nommé évesque de Langres. Cet évesque s'appelle Pierre Pardaillan [1].

Il y eut une diminution du cinquiesme de l'argent le 1er avril 1724.

En 1723, le 28 de mars, il y eut partout des asperges, et l'an 1724, il n'y en avoit aucune le 20 avril, car ce mois fut extresmement froid.

On n'a jamais tant vu de désordres que ceux que causèrent en ces contrées ces trois années consécutives des loups enragés dont plusieurs moururent de la rage, tant à Bligny, Lanty, Aulbepierre, Aulnoy et aux environs. Une infinité de bestiaux et de chiens furent tués.

Il y eut une grande abondance de foin, grains et vin, cette année.

Dom Louis, roy d'Espagne, fils de Philippe V, mourut au mois d'aoust de la petite vérole, après avoir régné six mois et quelques jours. Son père, Philippe V, reprit le gouvernement et la couronne du consentement des grands du royaume [2].

Cette année fut remarquable par la quantité de maladies tant de flux de sang que de fiebvres et de l'abondante récolte des vins.

M. Bernard Le Brun, marquis de Dinteville, mourut à Dole-en-Comté, le 4 novembre 1724 [3].

---

1. François-Louis de Clermont-Tonnerre mourut le 12 mars 1724 ; on a publié dans la *Haute-Marne, Revue champenoise* (Chaumont 1856), page 305, le récit de ses funérailles. Pierre de Pardaillan de Gondrin d'Antin fut nommé en avril 1724.

2. Dom Louis mourut le 31 août 1724 ; Philippe remonta sur le trône, le 5 septembre suivant.

3. Un an plus tard, jour pour jour, décéda à Paris, son frère Charles, cornette au même régiment. Le curé Parisot, après avoir enregistré ce dernier décès, ajoute : « il est à remarquer que M. son frère, aagé de 18 ans et capitaine au mesme régiment, mourut l'an 1724, le 4 novembre, et fut inhumé à Bligny, estant à Dole, ville de Comté, et que M. son frère, cornette, mourut à Paris ce mesme jour ayant reçu tous les sacremens, le jour de Saint-Charles qui estoit son patron, également aagé de 18 ans. Ce qui fut un juste motif de chagrin à M. et à Mme de Dinteville. »

1725

Mgr l'évesque, duc de Langres, Pierre de Pardaillan de Gondrin d'Antin, prit possession de la ville et de l'évesché de Langres, le 12 febvrier 1725. Il fut prévenu par trois compagnies à cheval assez près de Rolampont ; il fut rencontré par 400 jeunes garçons au-dessous des Fourches ; en la Belle-Allée se trouva le quartier de Champeau, commandé par messieurs Parisot, marchands tanneurs. A la porte Saint-Didier, qui estoit fermée, sa Grandeur presta serment de fidélité entre les mains de M. de Courchamp, maire de la ville, et des eschevins. De là, il fut conduit à l'évesché et salué des canons de la ville et de la mousqueterie ; et il reçut tous les compliments des corps séculiers, réguliers et ecclésiastiques. Ensuite, un feu d'artifice avec de grandes illuminations par toute la ville, les lanternes attachées par toutes les rues de la ville et les tapisseries tendues partout où passa Sa Grandeur. Le cortège fut précédé par M. l'abbé Henry, de Dijon, estant à cheval. Il y avoit longtems qu'on avoit vu une si belle feste à la ville ny tant d'ordre et de réjouissance [1] .

Cette mesme année, les denrées et marchandises baissèrent de prix, de plus du tiers ; ce qui enrichit les uns et ruina les autres.

M. de Juvancourt, fils de monsieur le marquis de Dinteville, entra au collège de Beauvais, et son fils de Sylvarouvres entra au collège de Juilly à Paris [2] .

1. Deux récits de cette entrée ont été publiés : dans *Le Messager de la Haute-Marne*, nᵒˢ des 5, 8 et 15 juillet 1855 ; et dans *Haute-Marne, Revue champenoise*, page 266. — Claude Boisselier de Courchamp, conseiller au présidial, fut maire de Langres de 1724 à 1726. L'abbé Henry est probablement Jean-Denis Henry qui fut dans la suite secrétaire de l'évêché. Quant à messieurs Parisot, ce sont Jean-François, époux de Claudette Myon, et son frère Joseph, ou plutôt le fils de celui-ci, Claude, allié à Marguerite Mutel.

2. L'un d'eux est Alexandre, cinquième fils de Guillaume Lebrun ; ses quatre aînés moururent avant 1726. Alexandre fut prêtre ; licencié en théologie de la Faculté de Paris, maison et société royale de Navarre ; abbé commendataire de l'abbaye royale de Licques, diocèse de Boulogne ; chanoine et archidiacre de Pithiviers en l'église cathédrale Sainte-Croix d'Orléans ; vicaire général d'Orléans et de Meaux ; marquis de Dinteville, Sylvarouvres, Juvancourt, Belan et autres lieux ; seigneur de Bligny, Urville, Couvignon, le Val-Perdu, etc. Il décéda au château de Dinteville, le 1ᵉʳ décembre 1782, à l'âge de 60 ans environ, et fut inhumé le lendemain en la chapelle seigneuriale du lieu.

L'autre est Joseph Le Brun, frère puîné du précédent. Joseph, chevalier, marquis de Dinteville, de Sylvarouvres et de Juvancourt, baron de Bligny, de Couvignon, etc., lieutenant des vaisseaux du roi, mourut à Dinteville, le 3 janvier 1757, âgé de 40 ans. Il avait épousé en 1754, Françoise de Rochechouart, née le 15 octobre 1732, fille de Louis-Victor, baron de Rochechouart, seigneur d'Escouart et d'autre lieux, chevalier de Saint-Louis,

M. Renard fut nommé à la cure de Sylvarouvres cette mesme année [1].

Les moines de Saint-Geosmes, proche Langres, sont obligés de sortir de l'abbaye et on y place des prestres séculiers [2].

Le 12 de juin 1725, le feu, après avoir bruslé le prieuré de Saint-Martin de Langres, gagna le clocher de Saint-Martin ; il y a deux cloches bruslées et fondues, la tour abysmée ; et de là, le feu se porta en différents quartiers de la ville. Ce qui causa une crainte générale dans la ville tant par la crainte de l'accomplissement d'une prophétie qui menace la ville d'une ruyne totale par le feu, que parce que cinq ou six ans on a vu des villes entiesres détruites par le feu [3].

En mesme tems, les eaux débordèrent si fort que les prairies entiesres furent perdues et l'on ne retira que de très mauvais foin. Je ne les avois point vues si hautes depuis 16 ans. On descendit avec toute la solennité possible à Paris la chasse de Sainte-Geneviève à la fin de juin 1725 pour obtenir du Seigneur la cessation des pluyes qui durèrent trois mois.

Une femme fut guérie par la foy en Jésus-Christ, le jour du Saint-Sacrement à Paris. Personne n'en doit doubter. Miracle qui a opéré et

capitaine de haut bord des vaisseaux du roi, et de Marie-Françoise du Motel ; (Françoise se remaria à Henri-François de la Rochefoucauld, commandeur de Saint-Louis, lieutenant-général des armées navales). Joseph Le Brun n'eut que deux enfants : 1° Louis-Victor-Casimir, né le 31 mars 1756, mort à Paris, paroisse Saint-Sulpice, le 31 août 1766 ; 2° Hélène-Julie, née posthume à Dinteville, le 20 juillet 1757, baptisée au même lieu, le 17 août suivant ; elle épousa à Dinteville, le 14 septembre 1776, François de Ferrières, marquis de Sauvebœuf, capitaine de cavalerie au régiment de comte d'Artois. C'est par suite de ce mariage qu'en 1789, François de Ferrières-Sauvebœuf possédait le marquisat de Dinteville.

1. Claude Renard resta curé de Sylvarouvres jusqu'à sa mort en 1738.

2. La mense du prieur commendataire de Saint-Geosmes avait été réunie à celle de l'abbesse de Notre-Dame-aux-Nonnains de Troyes, en vertu d'une ordonnance de Louis XIV de 1704 et d'une bulle confirmative de Clément XI de 1705. « Quant à la mense conventuelle elle avait été conservée aux chanoines pour continuer le service des fondations... Mais la séparation des deux menses eut une influence funeste sur l'esprit des chanoines qui, se croyant exposés à être incessamment dépouillés comme leur supérieur, sollicitèrent près de l'évêque de Langres pour qu'il voulût les séculariser avec pension. Après que cette demande leur fut accordée, on essaya d'abord de transformer la maison en un asile pour les prêtres âgés et infirmes ; puis enfin elle fut érigée en un petit séminaire par une ordonnance de l'évêque Gondrin d'Antin en 1726. (*Annuaire de la Haute-Marne pour 1852.*) »

3. « Sur les cinq heures du soir, écrit le conseiller langrois Gousselin, dans les *Mémoires* manuscrits duquel se trouve la relation de cet incendie, le vent continuant à souffler avec violence, la flamme du clocher se communiqua à la rue Saint-Amâtre où deux maisons furent brulées... La frayeur fut si grande que toute cette rue jusqu'en Champ-Beau avait totalement déménagé... »

opérera la conversion de plusieurs calvinistes et protestans. Ce miracle est avéré après plusieurs procès-verbaux dressés par le Parlement de Paris, de Mgr de Nouailles, archevesque de Paris, et de tout le peuple de ladite ville. Heureux ceux qui ont de la foy et qui agissent chrestiennement en conséquence de cette vertu si nécessaire à tous les hommes[1].

Cette année a esté fort froide et pluvieuse; on se chauffait au mois de juillet et d'aousi comme au mois de novembre. Le grain fut fort cher pendant deux mois. Le 20 aoust, le verjus parut aux vignes sans pouvoir murir.

La pluye continuelle qui commença le 13 aoust causa une perte horrible aux bleds couppés et moissonnés, et dura jusqu'au 6 septembre. Il y eut deux débords d'eaux si horribles que tous les habitans furent obligés de sauver tous leurs bestiaux. On fit porter les moutons dans les chambres hautes; les charrettes furent enlevées le long du village, des pierres fort pesantes entraînées depuis le château au village. La rivière déborda deux fois; toutes les gerbes ou javelles de la vallée furent emmenées[2].

Le 15 aoust 1725, le duc d'Orléans espousa au nom du roy Louis XV à Strasbourg, le jour de l'Assomption, la princesse Marie-Sophie-Félicité, fille du roy de Pologne, Stanislas, qui fut détrôné par le duc de Saxe; laquelle reine fut amenée à Fontainebleau, ayant passé par Saverne, Metz, Verdun, Chaalons, Provins, et de là à Fontainebleau, où la cérémonie des nopces fut accomplie au mois de septembre suivant.

Le 5 septembre le roy espousa et consomma le mariage avec la princesse Stanislas à Fontainebleau. Pendant ces beaux jours du mariage du roy, on exigea du peuple la cinquantième partie de tous ses biens; ce qui mit les peuples en désespoir[3].

1. Voir pour les détails de cette affaire : « Relation du miracle arrivé le 31 may 1725, jour de la fête du Sacrement à la procession de la paroisse de Sainte-Marguerite, au faubourg de Saint-Antoine, à Paris, en la personne d'Anne Charlier, femme de François de la Fosse, maitre ébéniste, dressée sur les procès-verbaux de la municipalité de Paris, et contenant toutes les circonstances intéressantes de ce grand événement (Paris, 1726, in-4º). » Ainsi que : « Mandement de Mgr le cardinal de Noailles, archevesque de Paris, à l'occasion du miracle opéré dans la paroisse de Sainte-Marguerite, le 31 may, jour du Saint-Sacrement (Paris, 1725, in-4º). »

2. Voir dans les *Mémoires du marquis d'Argenson* ce qu'il appelle avec raison « l'horreur des calamités que l'on souffrit en France lorsque la reine Marie Leczinska y arriva. » Bien que les pluies fines et continues aient commencé avec le mois d'avril et n'aient cessé qu'en octobre, le volume d'eau tombée pendant cette année ne fut cependant que de 17 à 18 pouces; de 1750 à 1757 la quantité, année commune, s'éleva à 20 pouces.

3. Le lit de justice pour l'enregistrement de l'impôt du cinquantième sur tous les biens du royaume pendant douze ans se tint le 8 juin. Cet impôt impopulaire et vexatoire fut supprimé par Fleury, le 7 juillet 1727.

La misère a esté extresme à Paris, le pain y a valu longtems h[uit] sols la livre, elle n'a pas esté moindre en ceste province[1].

La récolte des vins fut très modique ceste année : je ne recueillis de dixmes que cinq muids extraordinairement verds, à n'en pouvoir boire.

Le nommé Cournot et sa femme et leurs valets furent assassinés et égorgés sur la fin de novembre par quatre assassins à Blessonville où ils demeuroient et tenoient le cabaret.

L'orme scitué sur la place de justice, proche le grand four, l'un des arbres les plus beaux et les plus aagés de nos forests, fut renversé par un coup de vent, le 20 décembre 1725.

Les Turcs estans appelés au secours du roy de Perse qu'un rebelle vouloit déstrosner, firent des irruptions si considérables au milieu de la Perse qu'ils avancèrent jusqu'à Tauris, une des principales et plus grandes villes de ce royaume ; le siège formé, la garnison en sort sur les Turcs qui les repoussent, entrent dans la ville pesle-mesle et tous indifféremment s'égorgent, de sorte qu'il y eut 220,000 hommes de tués tant dans la ville qu'à la campagne. On n'a jamais vu un tel massacre ni combat, car le sang ruisselait par toutes les rues de Tauris. Les Turcs en firent une réjouissance publicque à Constantinople en 1725 que ce massacre arriva au mois d'aoust.

Inondation presque universelle au mois de décembre qui causa des désastres espouvantables.

1726

Au mois de janvier 1726, il y eut une gelée horrible et le dégel succédant causa plus de trois millions de pertes sur la rivière de Seine à Paris pour les bateaux chargés qui furent rompus et emmenés par les glaçons ; plusieurs moulins furent aussi entraisnés. La misère est affreuse à Paris, le pain brun vaut six sols la livre.

Le pape Benoist XIII n'admet point la pension sur les bénéfices[1].

2. La misère occasionna une émeute à Paris, le 14 juillet ; des désordres eurent aussi lieu à Caen, à Rennes et à Rouen. Toutefois, « la cherté des vivres ne fut pas de longue durée, dit Duclos ; la récolte se fit et fut même abondante ; et le grain, trop nourri d'eau n'étant pas de garde, les blés tombèrent bientôt au plus les prix »

1. Il y avait deux sortes de pensions sur les bénéfices : les conventionnelles ou avec causes, les non conventionnelles ou sans causes. Les premières étaient admises par les jurisconsultes ecclésiastiques dans trois cas : 1° *pro bono pacis*, lors d'une compétition ; 2° *ne nimium patiatur re. g. dispendium*, lors d'une pe... tation ; 3° *propter expressam intentionem resignantis*, lors d'une résignation. Ce dernier cas fut réglé par les édits de juin juillet 1671 et du 9 décembre 1673. Les pensions non conventionnelles étaient accordées à des personnes qui n'avaient point possédé les bénéfices

Janvier et febvrier 1726 virent la diminution des espèces ce qui ruina le commerce et les particuliers.

Plusieurs vaisseaux firent naufrage l'an dernier.

Le clocher de Gray, en Comté, et celui des Cordeliers de Bar-sur-Aulbe furent renversés et tranportés d'un coup de vent, le 20 décembre 1725, au grand estonnement de tout le peuple. Sans vous parler de mille autres pertes approchantes arrivées le même jour.

Depuis douze ans que la paix règne en France et que le peuple devroit en gouster les douceurs, il n'a jamais esté si malheureux. Les siècles les plus reculés n'ont jamais vu une plus grande cruauté exercée sur les peuples ny ne peuvent en voir de plus terribles causées par la tyrannie des régens et ministres du France sous le règne de Louis XV.

Pour exiger uniquement le cinquantiesme de tous les biens sur tous les français, on ordonne une milice de soixante mille hommes en temps de paix. On exempte de la milice ceux qui feront percevoir le cinquantiesmes ; ce qui ruine un chacun [1].

On ordonne la réparation des chemins publics faite par les paysans ; ce qui accable et les fait abandonner la culture des terres.

Madame de Bligny fait profession de chanoinesse à Montigny-les-Nonnes, en Comté, le dimanche de la Sexagésime 1726 [2].

L'argent devient si rare que la misère augmente partout. Les vignes donnent très peu de fruits. Seicheresse estonnante.

La justice divine éclate sur Mgr le duc, premier ministre, et sur tous les Paris fermiers généraux et leurs adhérents. Le roy Louis XV le fait exiler et toute sa famille, mais trop tard et après avoir ruiné le royaume [3].

M. de Beaugecourt, de condition, est bruslé vif à la Gresve pour sodomie.

Le 19 octobre 1726, il parut un phénomène environ les sept heures

et qui n'y avoient aucun autre droit que le bon plaisir du patron, telles celles que le roi accordoit fréquemment sur les bénéfices consistoriaux et autres inférieurs. Est-ce à ces dernières, qui généralement ne courrient qu'après avoir été admises à Rome (arrêt du conseil du 17 juillet 1679), que fait allusion le curé Parisot ?

1. « La levée des milices, écrit un auteur du temps, dépeuple la campagne des sujets les plus nécessaires. J'ai vu, dans mon enfance, ces recrues forcées, conduites à la chaine comme des malfaiteurs. »

2. Voir ci-dessus page 29 note 1.

3. Le ministre du duc de Bourbon fut renversé le 11 juin 1726 : on exila le duc à Chantilly, et la marquise de Prie, son inspiratrice et sa maîtresse, à Courbépine, en Normandie. Par « tous les Paris, fermiers généraux », le curé Parisot désigne les quatre frères Paris dont le plus célèbre, Paris-Duverney, qui était le confident du duc et surtout de la marquise, fut jeté à la Bastille.

et demie du soir, sur notre horizon, tenant un peu du couchant, mais beaucoup plus du septentrion ; il fut si espouvantable que la nature prit le dessus sur la raison et que tous les hommes qui en furent témoins en furent extraordinairement surpris. Il parut à nos yeux un feu éclatant dans l'air, dont la lumière éclairoit comme des flambeaux tant les maisons que les églises et les endroits les plus obscurs qui lui estoient opposés. Il s'éleva comme des lumières en l'air et l'on auroit pu lire à la lueur de cette lumière si effrayante ; un chacun en fut frappé ; tous croyoient que les villes et les villages voisins estoient en feu, mesme les forests. Il n'y eut personne qui ne tremblât à un tel aspect. Tous couroient à nos temples sacrés pour implorer la protection du Seigneur ; les cloches sonnoient partout. En un mot, personne ne se souvient avoir veu pareils feux dans l'air. Ce feu ne dura guère, mais la lumière qui venoit du costé du septentrion esclaira comme à midy toute cette province du costé opposé. Plust au Seigneur qu'il n'arrive rien de sinistre et de fascheux sur le royaume. Je soussigné, témoin oculaire de ce triste et fascheux phénomène qui arriva ce 19 octobre 1726, à sept heures du soir et qui commença à paraistre sur le canton de la ferme des Essarts.

La misère règne plus que jamais par la rareté de l'argent en 1726.

1727

On apprend qu'il y a une tresve entre les princes chrestiens pour sept ans.

Il y a des assassins extraordinaires dans cette contrée ou aux environs.

Le 30 juin 1727, une fille de Sylvarouvres communia à la messe de l'enterrement de sa mère et se maria le lendemain, le tout pour éviter une curatelle et inventaire. C'est ce que peu de personnes ont vu arriver[1].

La reine de France espouse de Louis XV accoucha pour la première fois au mois d'aoust 1727 de deux princesses[2].

Mgr le duc Dantin vint passer six semaines au château de Châteauvillain pendant les vendanges de 1727 ; elles furent abondantes cette année.

---

1. Le registre de Sylvarouvres pour l'année 1727 porte : au 30 juin, le décès de Marguerite Darc, âgée d'environ cinquante ans ; et, au 1er juillet, le mariage d'Etienne Febvre, recteur d'école à Veuxaulle, avec Marguerite Brulou, fille de feu Brulon et de feue Marguerite Darc.

2. Le 14 août naquirent : 1° Louise-Elisabeth, mariée le 26 mars 1739 à l'infant don Philippe, morte à Versailles le 6 décembre 1759 ; 2° Anne-Henriette, morte à Versailles, le 10 février 1752.

1728

Le 5 de mai 1728, veille de l'Ascension, la gelée perdit toute la côte des vignes qui regarde le village de Dinteville.

Le jour de Saint Pierre, le tonnerre tomba sur la chapelle du château de Dinteville, quelques minutes après que le seigneur et les dames avec le reste du peuple en furent sortis. Preuve indubitable de la bonté de Dieu sur la famille de M. le marquis de Dinteville dont la charité immense envers les pauvres et le bon ordre dans sa maison lui procura le bonheur de n'estre pas escrasé ou du moins fort endommagé par les effets surprenants du tonnerre qui endommagea une bonne partie du platre et des peintures dans toutes les fasces de ladite chapelle dont j'ai esté témoin.

1736

Nos vignes surtout celles de la coste furent gelées le 13 et le 16 de mai 1736.

L'an 35 et l'an 36, on ne recueillit pas de vin, ce qui causa une cherté de vin extraordinaire.

Les milices entrent en congé au mois d'avril, et on réforma quinze commis par compagnie dans les vieux corps[1].

La paix faite et non publiée, on ne laissa pas que de faire payer le dixiesme de tous les biens ; ce qui accabla entiesrement le pauvre peuple[2].

M. de Dinteville, le fils, s'embarqua à Rochefort pour servir sur mer au mois de mars 1736.

On coupa les bois de M. le marquis de Dinteville qui sont attenans de la route, et ceux du Val-Dinvaux.

Le roy donna cette année le gouvernement de Meudon, maison royale, à M. de Champcenet, frère de madame la marquise de Dinteville[3].

M. Richard, prestre de l'Oratoire et curé de Saint-Amâtre de Langres, par une lettre de cachet de la Cour, fut obligé de quitter sa cure et d'estre exilé à l'aage de soixante-trois ans. M. Rigolot, chanoine de Langres, subit le mesme sort au sujet de la Constitution[4].

---

1. Les conventions furent signées à Vienne, le 11 avril 1736.

2. C'est du 17 novembre 1733 que date la déclaration pour la levée de l'impôt du dixième sur tous les biens du royaume.

3. Louis Quentin de Richebourg, marquis de Champcenets, premier valet de chambre du roi, fut effectivement nommé gouverneur des bourgs et châteaux de Meudon, Bellevue et Chaville.

4. L'évêque de Langres, Montmorin, « sévit contre les Jansénistes, dit 'abbé Mathieu, et obtint du cardinal de Fleury des lettres de cachet contre

Ayant perçu et levé la dixme sur les héritages scitués au delà du Val-Réal comme dépendant du finage de Dinteville, et ce pendant l'espace de vingt-sept ans sans interruption, ny trouble, le sieur Renard, curé de Sylvarouvres, s'avisa d'y envoyer les démons de Sylvarouvres qui firent violence pour enlever de nouveau la dixme que moi, curé, venois de lever en leur présence le 29 juillet 1736. La suite fera connaître l'évènement. Ils allègueront pour raison des bornes de finage qu'il sera à propos de faire lever à leurs dépends, s'ils continuent de nous troubler.

Le 3 de septembre, il tomba une gresle effroyable suivie d'une inondation qui effraya avec raison tous les habitants et qui emmena toutes les terres des vignes et des champs en coteaux.

Il n'y a point eu de séminaire l'an 36 et l'an 37 ; ce qui desrangea fort les paroisses [1].

Au commencement de l'année 1737, le dixiesme fut aboli [2].

1740

J'atteste que l'année 1709 n'a pas esté si cruelle dans ces cantons que l'an 1740. La gresle réitérée par quatre fois au mois de juillet 1740 abysma entiesrement les finages de Dinteville, Sylvarouvres, Pont-la-Ville, Cirfontaines ; les autres villages circonvoisins furent greslés en partie. Ensuite survint un hiver affreux qui commença en janvier et se fit sentir jusqu'au 15 mai ; pendant les huit premiers jours de ce mois de mai, on ne vit que neige et greslon avec un froid estonnant. La disette de paille et de foin fut extraordinaire, attendu que les prairies ne jetoient point encore d'herbes de pré, les bestiaux estoient affamés. Les vignes furent une grande partie gelées et la pluspart couppées et arrachées.

---

les ecclésiastiques les plus entêtés de son diocèse, entre autres contre quatre curés, qu'on appelait les *quatre évangélistes.* » Nicolas Richard était né à Langres en 1673 et Antoine Rigollot à Lignerolles en 1688 ; ils moururent celui-ci en 1769 et celui-là en 1749.

1. Cette vacance du Séminaire fut causée par le retrait qu'on fit de cet établissement aux Oratoriens ; voici comment cette affaire se passa, d'après l'abbé Mathieu : « Les Oratoriens qui avaient repris en 1567 la direction du Séminaire de Langres, étaient imbus des principes de Jansénius : dès le commencement de son épiscopat, Montmorin avait cherché les moyens d'arrêter la secte. Ne pouvant les attaquer par le droit, parce qu'ils étaient puissamment soutenus ; de l'avis des jurisconsultes, il s'empare de la maison du séminaire par le fait et en détail : lorsque l'un des Pères sortait de sa chambre, on s'y installait aussitôt. Le fond de l'affaire n'a jamais été jugé... Le prélat remplace les Oratoriens par des prêtres séculiers qui étaient à son choix et sous sa dépendance. »

2. La suppression de l'impôt du dixiesme eut lieu le 1er janvier 1737.

En vérité le sort des habitans de la campagne est fort à plaindre, car ils n'ont presque aucun repos par la crainte continuelle qu'ils ont pendant que le vent de galerne est sur pied. La pauvreté que la gresle avoit causée produisit une misère estonnante et on ne pouvait suffire à la quantité des pauvres des paroisses de Sylvarouvres et de Lanty. Que le Seigneur daigne nous préserver dans la suite de pareils malheurs !

La pinte d'huyle se vendoit trente sols.

Au 12 de mai, ou ne voyoit aucun bled levé depuis les vignes et au-dessus ; et les bourgeons, le peu qui restoit sur le bois n'estoit pas encore ouvert. En un mot, on n'a rien vu de si triste depuis plus de deux siècles. La gelée d'hyver avoit gagné la terre de deux pieds et demy de profondeur.

La pluspart des habitans de ce lieu furent obligés de vendre leurs chevaux pour subsister, les autres leurs héritages pour avoir du grain.

Cette année a esté semblable à 1709, la durée de la gélée perdit entiesrement les grains, vignes, vergers et jardins dans ces cantons ; ce qui causa une disette espouvantable. La gresle avoit précédé et abysmé le 7 de juillet 1740 tout ce qui paraissoit sur la terre, dont je souffris la perte entiesre du revenu de ma pauvre cure.

Il y eut des ordonnances pour que chaque paroisse nourrit ses pauvres, mesme des menaces d'emprisonnement pour les estrangers ; le tout fut très mal exécuté.

On n'a jamais vu les rivières si grosses ny qui ayent causé tant de désordres et de ruines qu'à Noël 1740.

1741

La pauvreté a esté extresme l'an 1741 tant dans ma paroisse qu'ailleurs, causée par la disette et la cherté des grains. On ne peut s'imaginer la peine où l'on est pour ensemencer les terres en partie seulement.

Si l'on connaissoit les cruels chagrins que les pasteurs ont à essuyer tant de la part des passions que des paroissiens, des parents et mesme des domestiques, on auroit beaucoup moins d'empressement à embrasser l'état ecclésiastique. Mon divin Sauveur, daignez leur accorder une sainte patience, l'amour de la retraite, la fuite des assemblées, si ce n'est pas une nécessité d'y paraître ! Seigneur ! accordez aux pauvres curés des campagnes pour supporter le poids du redoutable ministère et les cruels chagrins qu'ils ont à essuyer de la part des mauvaises langues et des ingrats !

Si les années de 1709 et 1710 ont esté remarquables par la disette générale des grains et des vins, on peut dire avec justice que 1739 et 1740 nous ont fourni un parallèle encore plus cruel. Nous voyons ces deux années derniesres une affreuse misère surtout en ces quartiers. La gresle nous causa une perte irréparable. La cherté des semences ne permit pas de pouvoir ensemencer toutes les terres. La récolte suivante ne rapporta pas le tiers ; il falloit vivre, on estoit espuisé ; la mesure de Laferté pour le bled se vendoit un escu, la mesure d'orge trente sols. On estoit dépourvu de toutes choses ; point d'argent, peu de crédit ; réduit la pluspart à vendre leurs chevaux de charrue pour subsister et n'ayant pas de quoi les nourrir. J'adjoute encore que les jardins furent gelés et que les graines et oignons se vendoient jusqu'à sept livres la pinte. Ensuite de tous ces malheurs survint une si grande abondance d'eau au mois de décembre 1740 que l'on eut tout lieu de craindre un renversement des maisons et on fut dans l'obligation de déloger.

Que le Seigneur délivre son peuple de semblables fléaux dont je suis témoin.

L'an 41 fut plus cruel encore : la mesure de bled, mesure de Laferté, s'est vendue jusqu'à cinq livres dix sols. On ne le distribuoit dans les villes que par mesure aux gens de la campagne qui mouroient de faim, encore avoit-on besoing d'un certifficat des curés et permission de la police d'en faire sortir de la place de Langres. Les boulangers ne vouloient pas cuire.

M. l'évesque de Langres, Monmorin, fit de grandes charités par tout le diocèse ou la disette régnoit ; il envoya beaucoup de riz et de l'argent dans toutes les paroisses, on n'y connaissoit plus le vin. Le nombre des pauvres estoit trop nombreux pour pouvoir les soulager tous. On ne vit pourtant point de voleurs attroupés en ce pays. Les seigneurs de paroisses se signalèrent par leur charité.

Grandes dispositions à la guerre au sujet de la nomination de l'empereur après la mort de Charles VI qui mourut sans héritiers masles. La Pologne craint avec raison la succession héréditaire dans la maison de Saxe [1].

En 1709, la viande ne valoit que deux sols la livre, et cette année 1741, elle se vend quatre sols ; toutes les marchandises à proportion. Le tabac qui se vendoit que quatre sols la livre se vendit alors quarante-cinq sols, prix qui continua.

M. *Laurent Le Brun,* appelé M. de Bligny, fils de M. le marquis de Dinteville, mourut à Brest, port de mer, au mois de juillet ; il estoit atteint de la petite vérole et aagé de vingt ans.

Quelques mois après avoir écrit ces dernières lignes, le curé Parisot devenait aveugle ; il n'en resta pas moins à la tête de sa paroisse jusqu'à sa mort, arrivée le 5 février 1755. Il eut pour successeur Nicolas Friclot qui, en 1762, fut remplacé par Nicolas Empereur. Celui-ci a consigné dans les registres le rendement des dîmes de Dinteville, le prix des denrées et de la

---

1. Charles VI mourut le 20 octobre 1740 ; sa fille, Marie-Thérèse lui succéda, comme on sait.

main-d'œuvre à diverses époques. Ces derniers renseignements sont précieux pour l'historien ; ce sont de simples chiffres, il est vrai, mais ces chiffres en disent plus long sur la situation économique du temps et sont bien autrement précis que les plus volumineux discours. C'est ce qu'a parfaitement compris un de nos historiographes locaux, M. C.-E. Pissot : il a terminé son excellente *Notice historique sur Doulevant-le-Château*[1], par un tableau donnant, d'après des inventaires notariés, les *Prix de certains objets à Doulevant et dans les environs pendant le 17me et 18me siècles*. A ces documents d'autant plus précieux que ce sont les seuls, à notre connaissance, qui aient été publiés sur l'histoire économique du département de la Haute-Marne, nous ajouterons ceux que nous fournissent les notes du curé Empereur sur les années 1765 et 1771, années que nous choisissons de préférence aux autres parce que le tableau de M. Pissot est peu complet pour la première et passe sous silence la seconde qui fut cependant une année climatérique remarquable. Nous clorons par là notre travail, persuadé que ces renseignements en doublent l'intérêt.

En 1765 : la mesure de blé, qui en 1763 se vendait de 26 à 28 sols, vaut 2 livres 2 sols. L'orge, de 14 sols en 1763, s'est élevé à 16 sols ; l'avoine, de 9 sols, à 13 sols ; le tonneau de vin, de 11 livres 5 sols, à 20 livres ; la poupée de chauvre d'une livre, de 8 sols, à 9 sols ; le chenevis, de une livre 10 sols, à 2 livres. La corde de bois de moule vaut 14 livres ; celle de charbonnette, 16 sols ; la banne de charbon, 12 livres. La livre de viande coûte 4 sols 6 deniers ; la livre de tabac, 3 livres 2 sols ; le minot de sel, 54 livres. Quant aux salaires, on paye : pour une journée de charrue, une livre 10 sols ; pour la façon d'une vigne, 2 livres 10 sols par jour ; pour faucher un journal d'avoine, 12 sols ; pour moissonner un journal de blé, sans nourrir, 2 livres ; pour débiter une corde bois, quel qu'en soit le genre, 4 sols 6 deniers. Un manœuvre demande 10 sols par jour ; une femme, couturière, lavandière, etc., 4 sols. Enfin, en 1765, la paroisse de Dinteville paya en taille, capitation et dixième, la somme de 1167 livres.

En 1771, des pluies continuelles et le défaut de chaleur empêchèrent les semailles de réussir ; les récoltes furent presque nulles : les grains atteignirent des prix excessifs ; le vin fut

---

1. Wassy, typographie de J. Guillemin, 1874. In-8 de 192 pages avec lith. et planche.

très mauvais et en petite quantité. Aux mois de juin et de juillet il y eut une véritable famine. Aussi voit-on la mesure de blé se vendre jusqu'à 4 livres 10 sols sur le marché de Bar-sur-Aube ; les prix des autres denrées sont à proportion. La livre de viande se paye 5 sols ; la livre de morue, 9 sols ; le hareng, 4 liards ; la livre de beurre, 12 sols ; celle de sucre, 22 sols ; le tabac, la livre rappée, 4 livres ; la chandelle, 14 sols ; la bouteille de vinaigre, 15 sols ; la livre de laine, 25 sols ; la corde de bois de moule sur place, 14 livres. Quant aux salaires, ils sont, à quelques sols près, les mêmes que précédemment.

Arcis-sur-Aube. — Imprimerie Léon Frémont.

* 9 7 8 2 0 1 3 4 4 5 8 5 6 *